不安で学級に

ちょっぴりウキウキを

見つけるために…

教室の中の認知行動療法

問題解決のステップを学ぼう

石川 信一 著

明治図書

はじめに

本書では、学校での個別支援と集団実践での活用を視野に入れながら、子どもの認知行動療法についてまとめています。本書の内容は、学校の先生方に教室で使っていただく際のポイントを中心に据えながらも、養護教諭の先生方が気になる子どもの支援に使ったり、通級指導教室や特別支援学級、特別支援学校での実践に応用したり、スクールカウンセラーの方々が学校臨床の中で活用したりすることができるようなエッセンスも取り込んでいます。

さて、昨今、認知行動療法を巡る状況は目まぐるしく変化しています。私が認知行動療法という言葉に初めて出会った1990年代の終わりには、子どもの認知行動療法に関する日本語の書籍は、数に限りがありました。それからいくらかの時間が過ぎ、学校での認知行動療法の実践は数多く発表されるようになり、参考にできる書籍も何冊も手に取れるようになってきました。幸運にも、私たちの研究チームは、認知行動療法に基づく授業実践の取り組みを届けるプロジェクトの研究助成を受け、全国の学校での実践を続けています(JST-RISTEX「SDGsの達成に向けた共創的研究開発プログラム」)。

それでも、認知行動療法が学校の現場に行き届いているかといわれれば、首を縦に振るのは難しいかもしれません。

本書執筆時点で、不登校児童生徒数は毎年最多を更新していますが、その数年前から不登校の主たる要因として不安が最も多く報告されています。その一方で、私が学び始めた頃から、子どもの不安に対する支援では、認知行動療法が効果的であることがわかっていたのです。さらに、新たな生徒指導提要では、特定の児童生徒に向けた困難課題対応だけでなく、課題を未然に防止する教育の必要性が示されています。そして、公認心理師においては、「心の健康に関する知識の普及を図るための教育及び情報の提供を行うこと」とされています。

本書は、本当に必要としている子どもたちに届けたいという思いを込めて、執筆させていただきました。手に取っていただきました皆様にとっても、ご自身の思いが少しでも達成できれば望外の喜びです。

著者　石川　信一

「認知行動療法」の基礎基本

子どもの「認知行動療法」を始めるポイント

不安のある子への「認知行動療法」のポイント

学級集団で行う「認知行動療法」のポイント

「認知行動療法」の基礎基本

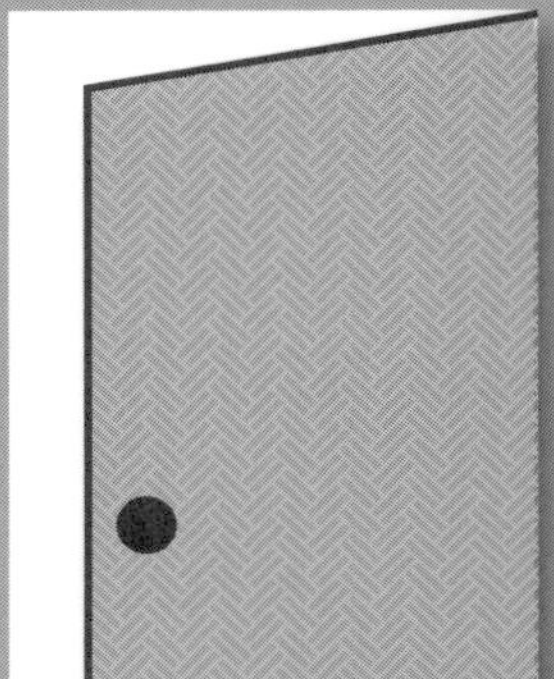

1

認知行動療法は、エビデンスに基づく心理療法である

認知行動療法は、さまざまな心理学的知見の積み重ねによって生み出された統合的な支援方法です。認知行動療法の成り立ちを理解することで、現在まで大切にしている考え方を学ぶことができます。

認知行動療法とは？

認知行動療法は、行動科学と認知科学を臨床の諸問題へ応用したものと定義されます。そして、複数の理論とそこから生まれた多数の技法を包含した広範な治療法として発展してきました（熊野、2019）。この定義は認知行動療法の特徴を的確に表現しています。そこで、この定義に含まれるキーワードを使いながら、認知行動療法の特徴を紹介していきたいと思います。

認知行動療法の起源

認知行動療法は単一の起源・技法にあらず

一般的に心理療法と聞くと、単一の理論や技法で構成されているようなイメージをもたれるかもしれませんが、認知行動療法は理論や技法の集合体を指していることが多いと思います。これには認知行動療法の成り立ちが大いに関連しています。

認知行動療法は、「認知・行動療法」と中黒を入れて表記されることもあります。その歴史を振り返ると学習心理学の理論を基盤とする「行動療法」に起源を求めることができます。行動療法は、1950年代から1970年代にかけて、アメリカやイギリスで発展を遂げました。一方で、「認知療法」は、元々は臨床現場から創出された方法であり、行動療法とは別の流れとして1970年代前後から世に出ることになりました。

認知行動療法の成立

そして、この二つの心理療法は1980年代から1990年代にかけて、積極的に協働を始めることとなります。なぜ、この二つの心理療法は手を取ることを選んだのでしょうか。その理由にはいろいろありますが、ここでは、臨床心理学の目的と認知行動療法の科学性を取り上げながら説明していきたいと思います。

臨床心理学は、病人の床（とこ）に寄り添うという意味の「臨床」という言葉と「心理学」の組み合わせから成り立っています。すごく簡潔に述べてしまえば、助けを求めているクライエントさんの支援をしていくこと、そしてそれに役に立つような事実を明らかにしていくこととなります（石川、2022）。

一方で、学習心理学の応用として行動療法が発展を遂げたことに象徴されるように、認知行動療法では、心理学的な研究の裏付けを大切にしています。時には心理学以外の研究者も協働して、研究知見を積み重ねています。そして、最初は臨床現場から生み出された認知療法ですが、後にさまざまな心理学的研究が積み重ねられています。

すなわち、認知行動療法では、クライエントさんの支援に有益な手法は積極的に取り入れ、その効果を思弁ではなく実証的な心理学的研究で主張すべきと考えているといえるでしょう。その結果、行動療法と認知療法は別々に歩むのではなく、両者の違いを超えて手を取り合うことを選びました。

認知行動療法の発展

結果として、この協働的な動きが両者の特徴を生かし、欠けている部分を補うことにつながり、認知行動療法は、世界中に広がっていきました。1990年代以降には、数多くの治療パッケージやプロトコルが開発され、ランダム化比較試験に代表される頑健な効果研究が進められるようになります。その成果もあって、認知行動療法は、エビデンスに基づく心理療法として、今日の世界的なスタンダードな支援方法となっています。

2

認知行動療法は子どもの成長を支える

認知行動療法は、大人だけでなく、子どもを支えるためにも効果的な方法であることがわかっています。むしろ、子どもの支援の方が活躍の場は多いかもしれません。

子どもの認知行動療法

認知行動療法は、医療における診療報酬に組み入れられていることもあって、成人に対する治療方法として知られているかもしれません。しかし、実は子どもの成長を支援する目的でこそ、活用することをお勧めしたいと思います。その理由は、追って述べていきますが、ここでは概要をお伝えします。

認知行動療法は子どもの支援由来

心理療法の中には、大人を対象としたものが先に開発されて、それを子どもに流用していくという流れで発展していくものもあります。しかし、筆者個人としては、逆の考え方が気に入っています。つまり、幼い子どもに効果的な支援方法こそが、むしろ物事の本質を突いていると思えるのです。そのため、子ども由来の支援方法こそが、より多くの方を支援する際に有益であると考えています。

そして、認知行動療法は、その考え方を支持する方法論です。なぜならば、学習心理学を活用した行動的支援の早期の実験は、子どもを対象にしたものが多かったからです。動物への恐怖に対する支援方法などは、現在の不安症の支援方法の源流ともいえる成果を収めています（Jones, 1924）。ちなみに、これらの技法が成人に適用されたのは、1950年代になってからとされています（Graham, 1998）。

実はこの歴史的な経緯は、日本でも全く同じなのです。行動療法が最初に適用されたのは、夜尿症の子どもに対する支援（梅津、1956, 1957）や緘黙の子どもに対する支援（内山、1959）だったのです。すなわち、子どもを支援するための方法として、発展を遂げてきたのが認知行動療法であるといえるでしょう。

認知行動療法の成果は日本でも確認されている

子どもの認知行動療法の現在

現在では子どもの認知行動療法の効果を検証する研究が数多く発表されるようになり、さまざまな児童思春期の心理的問題、発達的問題、行動的問題に対して、認知行動療法の適用を推奨する指針が多くの国で出されています（石川・小野、2020）。これらの指針を概観してみますと、さまざまな心理療法が開発されている成人と比べて、むしろ子どもを対象にしたときの方が、認知行動療法に関連した支援を試みるチャンスは多いかもしれません。

認知行動療法の効果を検証した研究の一例として、著者らの研究を紹介したいと思います。こちらは、不安や恐怖の問題をもつ子どもさんのための不安教室の効果研究の結果です（Ishikawa et al., 2019）。図１のグラフは不安の問題からの改善率を表しています。図１からわかるように認知行動療法に参加した子どもと参加していない子どもを比較すると、明確な差が確認されています。

不安の教室に参加したデータを合算して追跡していくと、効果が維持していることがわかりました。特に、終了後半年では、約3分の2の子どもが不安の問題を改善しています。そして、この成果は、世界中の効果研究に匹敵するものでした（James et al., 2020）。

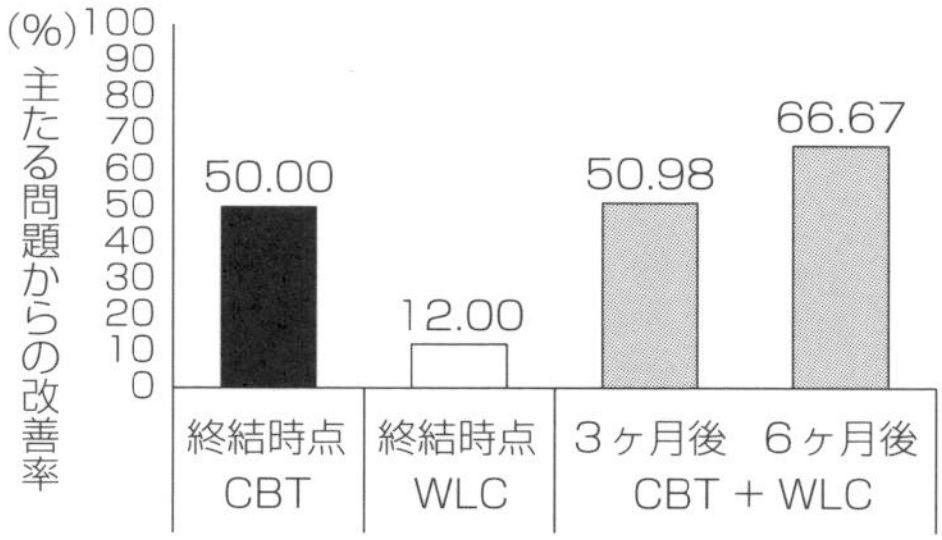

CBT＝認知行動療法群：終結時点で認知行動療法を終えているグループ
WLC＝待機コントロール群:終結時点ではまだ認知行動療法に参加していないグループ

図１　不安を示す子どもに対する認知行動療法の効果
Ishikawa et al. (2019)，石川（2022）を参考に作成

3

理論と実践、二つの軸で認知行動療法を学ぶ

認知行動療法を学びたいと考えて、本書を手に取っていただいた方も多いと思います。認知行動療法では、理論と実践の二つの軸を置いた学び方があります。

認知行動療法の柔軟性

認知行動療法に関する書籍を書店やオンラインストアで眺めてみると、多種多様なマニュアルが存在していることがわかります。これは、先に述べた治療パッケージやプロトコルの開発の成果になります。効果を検証するための研究においては、介入の手続きをある程度統一化しなければならないので、これらの書籍はその産物ともいえるでしょう。

ただこの事実は、認知行動療法の大きな誤解を生む原因ともなっています。マニュアルを読んだ読者の中には、その詳細さ故に認知行動療法が画一化された柔軟性のない支援方法であるかのように勘違いしてしまう方もいるかもしれません。

マニュアルを活用して学ぶ

特に心理療法において、「マニュアルを用いた支援」と「個性に合わせた支援」の二つは相反するものであると考えられていることがあります。確かに、一見するとマニュアルと個性は異なるものであるように思えるかもしれません。学校教育と比較しながら、果たしてその二つがお互いに反発し合うものであるか考えてみましょう。

学校教育は、学習指導要領に基づくものであることは疑いの余地がありません。学習指導要領の目的は、全国の学校の教育を一定の水準に保つために定められていると思います。かといって、どの学校、どの学級でも判で押したように同じ教え方をしていると考える人はいないでしょう。当然、学級の特徴に合わせて、最適化をしながら、基準を満たせるように授業を展開していきます。しかし、アレンジをしながら最適化していくためには、授業のねらいや、ポイントを熟知しておかないと、「的を外した」授業になってしまいます。

認知行動療法の学び方

筆者は、子どもの認知行動療法の学び方には大きく二つの流れがあると考えています。一つは、認知行動療法の理論から学び、それを実践していく手段を考える方法です。多くの心理系の専門家を養成する大学や大学院ではこのような方法をとっています。理論的な知識を身につけることができますので、的を外した支援になりにくいという利点があります。一方で、特に初学者だと「頭でっかち」になってしまい、理論的には正しいけれども、子どもに響かない伝え方や教え方になってしまうこともあります。

もう一つの流れは、既に子どもの支援に携わる職に就いている方が、認知行動療法の書籍やマニュアルを通じて学んでいくという方法です。この方法で学ぶことを希望する人の多くは、既に子どもに関わっている経験があるので、子どもに響く支援はできることが多いと思いますが、理論的に外れてしまうアレンジをしてしまう恐れがあります。

芯はしっかりとしなやかに

以上のように、二つの学びは、長所と短所が存在します。そして、それはそのまま、「マニュアルを用いた支援」と「個性に合わせた支援」にも当てはまります。筆者は前者をプラモデル、後者を木彫りにたとえることがあります。プラモデルは設計図通り作成していくと、一定水準の作品ができあがります。経験を積むことでその完成度は増すことになります。逆に、一から木彫りをすることは、素晴らしい作品を作り出すことになるかもしれませんが、最初からそのような作品を生み出すのはなかなか難しいでしょう。

支援を必要としている子どもは、全国どこの学校にもいますので、認知行動療法を一定の水準に保つためには、マニュアルの役割は非常に大切になると思います。しかし、それだけでは不十分であることも事実です。本書を読んでいただき、是非、認知行動療法の理論についても触れてみてください。

4

子どもの「強み」と周囲の「強み」を生かす

子どもと周囲の「強み」を生かせるように考えるのが認知行動療法のポイントです。特に子ども本人だけでなく、周囲を含めてチームとしての「強み」を最大限活用します。

子どもと話をする中で

筆者は自身の臨床の中で、不安の高い子どもたちと話す機会があります。その子たちと話していると、大人以上に自分の内的状態に目を向けることができていると気づかされます。大人でも自分の気持ちがよくわからないという人が少なくないですが、自分の考えと感情を上手に分けることができる小学生もいます。

自分の内的状態に敏感であるからこそ、不安を強く感じてしまうと考えれば、その子の困り感を強みとして置き換え、支援の中で活用することができます。ちなみに、そういった子どもに出会ったときには、「君はすごいね！　だって、教えてもいないのに認知モデルの考え方を理解している！（17　不安の正体を調べる）」と大いに称賛するようにしています。自分の内面に目が向けられるという「強み」は、周りからほめられる機会が少ないからです。

子どもの「強み」を生かす

子どもにはそれぞれ強みがあります。そのため、あまり得意ではないことから始めるよりも、まずは子どもが理解しやすい、興味をもてる、あるいは試してみてもよいというものから始めるとよいでしょう。たとえば、一人で考えるのが得意な子どもは、認知的技法を試してみたり、お腹が痛いとか頭が痛いなどと身体症状に気がついている子どもは、リラクセーションから始めてみたり、あるいは、人と話をすることが苦でないなら周りと関わる練習をしてみたりすることもできます。

周囲の「強み」を生かす

子どもの認知行動療法におけるチームの支援のあり方は、スポーツのコーチにたとえられることがあります（カーニー・アルバーノ 著　佐藤・佐藤 監訳、2014）。選手が子どもであるとするならば、支援者は監督やゼネラルマネージャー（ＧＭ）の役割を果たすことになります。親や周囲の大人はアシスタントコーチとして子どもをサポートします。

不登校の支援を例にとってみましょう。学校に行くことに不安を感じている子どもがいるとします。もし、この子どもの支援の最終目標が再登校ならば、子ども自身に登校するという一手を打ってもらうように支援していくことになります。周りの大人が代わりに登校してあげることはできません。しかし、本番の前には入念な準備をすることができます。優秀な監督はコーチと協力しながら、的確な方法についてモデルを見せたり、わかりやすい言葉や視覚的な補助を使ったりして説明するでしょう。

再登校がうまくいくためには、学校側の受け入れや、家庭での励ましも必要になります。学校側で適切な環境を整えたり、サポートしたりすることができれば、子どもの力を最大限発揮することができます。これは、甘やかしているわけではなく、あくまで監督やコーチとして選手が最大限力を発揮できるように、事前に定められた決まりの中で、一生懸命にサポートしてあげることになります。

さらに、支援者はチームとしての強みを査定する必要があります。家族の中で誰が有力なサポートを提供できるのか、学校の中で誰がキーパーソンとなるのか。現実的には、お金持ちの球団のように、有能なスタッフをどこにでも配置することは難しいかもしれません。そのため、今与えられているチームの中でどの強みを生かしていくことができるのかを見極める、いわばGMとしての目や役割も大切になります。

子どもと周囲の強みを生かしてチームとして取り組む

5

「一つ一つ着実に」が力になる

認知行動療法は、セルフコントロールを目指す支援方法です。ここでも、一つ一つ着実に、かつチームで支援していくことが必要不可欠です。「着実が力になる」が、子どもの認知行動療法の基本的発想です。

できることから始める

認知行動療法には、たくさんの技法があります。その詳細は、後述していきたいと思いますが、初めて学ぶ人にとっては、何から始めたらよいかわからないかもしれません。先ほど述べたように、目安の一つとして「できそうなところから始める」というものがあります。子どもの苦手としていることから始めるよりも、得意としていることを生かしていくと考えるとよいでしょう。その一方で、苦手なことについて取り組んでいかなければならないこともあります。その場合、どのくらいのペースで進めていったらよいのでしょうか。

セルフコントロールとは

認知行動療法の特徴を説明する際に使われる言葉として、「釣った魚を与えるのではなく、魚の釣り方を教える」というものがあります。一説には中国の老子の言葉としても伝えられている有名な格言です。この言葉を認知行動療法的に解釈するなら、セルフコントロールを表していると考えられます。

行動理論に基づいて考えると、直接的な外的強制が少ない状況でも、これまでできなかった行動が自発的にコントロールできている状態をセルフコントロールと呼びます（ソレセン・マホーニィ 著　上里 監訳、1978）。たとえば、今まで一人で宿題ができず、常に親から宿題をするように言われていた子どもが、自分でプリントや課題を見て、机に向かうことができていたら、セルフコントロールが成立しているといえます。

将来を目指して一つ一つ着実に

この状態は、心を入れ替えたので、ある日突然できるようになったというよりは、少しずつ身につけたと考えられます。あるいは、周りからは突然に見えても、実際には、手紙を親に見せられるようになった、明日の授業が何であるか家で話すようになったといった形で小さな進歩を示していることが多いと思います。

つまり、セルフコントロールを促す上では、日々の生活での小さな変化を感じ取ってあげることが大切です。そしてその傾向は、苦手な行動であればあるほど大切になってきます。ある日突然できるようになることを期待するのではなく、そこにたどり着けるように小さな進歩を刻めるような支援が求められることになります。

周囲からも支える

子どもが対象である場合は、セルフコントロールの「セルフ」は、必ずしも子ども本人のみを指しているわけではありません（石川、2013）。幼児に独力で準備してもらうことを期待するのは年齢相応とはいえないと思います。その場合は、親や家族が準備を手伝うはずです。同様に、学校で何らかの難しさを抱えている子どもに対する支援でも、子ども一人で何でも解決できるようになることを考えるよりは、学校の先生方の協力と理解が必要不可欠になってくることでしょう。

先ほど子どもの認知行動療法では、チームとしての支援が求められるということを説明しました。併せて考えますと、スモールステップで、セルフコントロールを目指す子どもを中心とした「支援チーム」を作ることが成功の鍵ということができると思います。

6

コミュニケーションツールを考える

子どもに「教えられるかどうか」ではなく、「どう教えるか」が最も大切です。創造的な方法を使って、楽しく朗らかなコミュニケーションの方法を考えてください。

認知行動療法を子どもに教えるには

講演や研修会をしていると、時々「認知行動療法で書かれていることは、難しいので子どもには理解できないのではないでしょうか？」といった質問を受けることがあります。また、子どもは言語理解能力に限界があるので、言葉を使った心理療法は不向きであるとしている専門書もあります。果たして本当にそうなのでしょうか？

最初に覚えておきたいこととして、子どもの認知行動療法においては、子どもに「教える内容」と「教え方」は分けて考えたいということです。教える内容は理論にあたり、教え方はアレンジになると考えてもよいと思います。つまり、理論的な整合性を保つことができていれば、教え方は子どもに合わせて変えていくことができるということになります。

コミュニケーションツールを考える

子どもに認知行動療法を適用する際には、子どもが理解できるコミュニケーションのやり方を考える必要があります。その一つの方法が教材を考案することです。図2は教室で行う認知行動療法で用いられるワークシートの例です。具体的な内容や工夫は後半のところで説明していきますが、パッと見ただけでも、子どもが質問したくなるようなキャラクターがいることがわかると思います。このような教材は、好奇心やユーモアを楽しめることなど、多くの子どもがもっている強みを生かしていくことをねらっています。指導者によっては、キャラクターを演じてみたり、あるいは子どもに朗読させたりしたいと思うかもしれません。ここに出ているハートのメーターを自作してくれる学校の先生もいます。

一般的に心理療法は言語的なコミュニケーションを中心としますが、子どもを対象とした場合は、それだけで済むことは少ないでしょう。ここで紹介した紙を使った教材だけでなく、一緒に何かを作ったり、作業したり、演じたりなどさまざまな活動を盛り込むことができます。

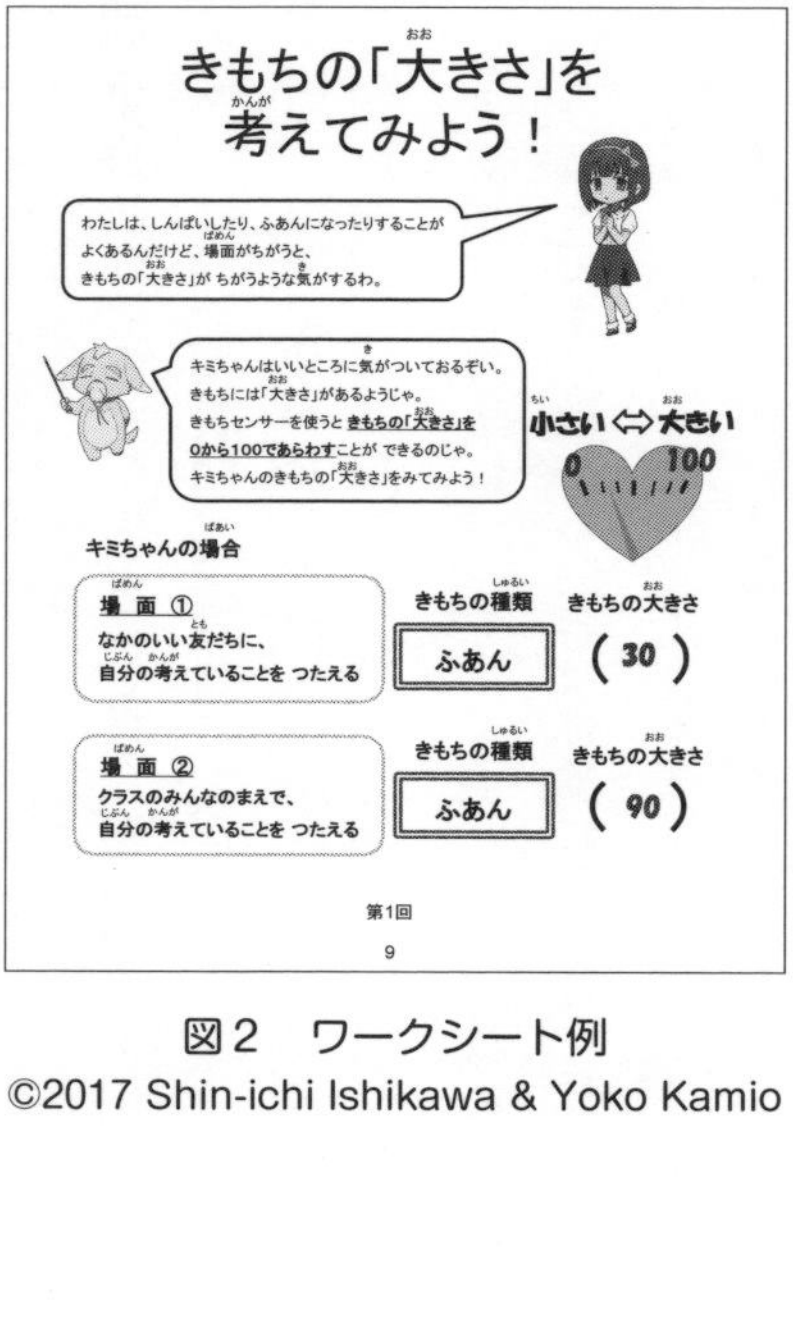

図2　ワークシート例

子どもの認知行動療法の実践のポイントとして、①明るく楽しい雰囲気を作ること、②プログラムの進度を子どもに合わせること、③たとえ話や子どもが興味をもつような話題を取り上げること、④事前の準備を行うこと、が挙げられます（石川、2023）。

教育者と創造性

認知行動療法のこのような特徴は、教室で適用する際に大きな利点となります。教材研究をするように、子どもがどうしたら無理のないペースで、楽しんで、興味をもってくれるか考えることは、学校教育活動と通じるところが多いと思います。その成果が「学級集団で行う『認知行動療法』のポイント」の章で紹介する学級で行う認知行動療法です。その他にも認知行動療法の特徴として、セルフコントロールやチームによる支援といった学校教育との共通点をこれまでに述べてきました。子どもの認知行動療法では、創造的な方法で子どもに教育できる支援者であることが求められるといえます（石川、2013）。

子どもに教えるべき内容を、子どもに合わせた教え方で伝える

7

あたたかく成功をともに喜ぶ

具体的な支援計画を提案することも大切ですが、子どもの支援では、何よりも成功をともに喜び、励ましていくことが大切です。ほめる・認めるを使いこなして、子どもの行動を伸ばしていきましょう。

子どもの支援者になる

子どもの得意なことを伸ばすだけではなく、苦手なことを克服するために、認知行動療法を用いたいと思う場面は多いはずです。特に個別に支援が必要なケースにおいては、子どもが今実際に困っていることを扱うことになります。この際に重要になってくるのが、子どものサポーターとしての支援者の役割になります。

子どもは相談室に連れてこられる

「誰が支援を求めているか?」という点が、大人と子どもの心理的支援において、最も違うところです。成人のクライエントさんは、自分の問題の解決のために、自ら支援を求めてくるわけですが、子どもの場合は、周囲の大人から連れてこられることがほとんどです。中には、不本意ながら連れてこられた、あるいは自分では問題を感じていないということもあります。そのため、支援者が自分を支えてくれる人であると感じてもらえるように、子どもの少しの頑張りやちょっとした変化を見逃さないでほめてあげたり、頑張りを認めてあげたりすることが何よりも大切なことになるのです。

子どもをほめて認める

ほめるや認めるというのは言葉で言うのは簡単ですが、実際にやってみようとすると簡単ではないことがわかります。ここではいくつかのポイントを挙げて説明していきます。

●悪いところよりも良いところに注目

直さないといけないところがたくさんあると支援者側が考えていると、ついついできていないところに注目してしまいます。しかし、そういった場合ほど、ほめられる経験が欠けているかもしれません。まずは、良かったところを選択的に見つけてあげるようにしましょう。

●現実的にできそうなところから

「5『一つ一つ着実に』が力になる」でも説明したように、今置かれている現実から一歩頑張ってみることが大切になります。「千里の道も一歩から」ということで、周囲の期待に合致しているかどうかだけでなく、子どもの現実的な頑張りを認めてあげましょう。

●チャンスを見逃さないで

子どもをほめるチャンスは、そんなにたくさんないかもしれません。支援者側が常に子どもの適応的な行動に対して目を配ってあげることが大切です。また、その行動が起きた直後にアプローチしてあげないと、なんでほめられたのかわからないかもしれません。

●具体的にほめること

漠然とほめるよりも、どこが良かったかを具体的にしてあげると、次に子どもがとるべき行動を教えてあげることにつながります。たとえば、発表の練習をした子どもに、「声が大きくて良かった」「顔が上がっていたので表情が見えて良かった」と伝えます。

●相手に伝わるように

「よかったよ」「うまかったよ」とただ言うことがそのまま、子どもがほめられたと感じることと同じではありません。たとえば、無言の頷きや笑顔が子どもにとって次も頑張ろうと思えるメッセージとなることもあるでしょう。どう伝えると効果的か、もう一度子どもの様子を思い浮かべてみましょう。

子どもの「認知行動療法」を始めるポイント

8

スタート位置とペース配分を考える

認知行動療法では、さまざまな技法が準備されています。それらを学んだらすぐに使いたくなるところですが、子どもに合わせたペースになっているか、少し考えてみます。

さあ、認知行動療法を始めましょう

認知行動療法には、さまざまな技法があるので、本やワークショップで学ぶと、すぐにその方法を試してみたくなります。しかし、その前に立ち止まって考えてみてください。目の前の子どものことをきちんと見てあげられているでしょうか。

技法を適用する前に

子どもに教育相談的な関わりをする際には、大きく分けて二つのフェーズがあると考えられています。受容的な関わりと積極的な関わりです。たとえ話として、「こんなに重い荷物を一人で大変でしたね」と相手に伝えるのが受容的な関わりであるとするならば、「さて、どこに持って行きましょうか?」と一緒に考えるのが積極的な関わりとされています（堀越，2013）。

ただ、荷物の場合と少し違うのは、子どもの支援では、すぐに積極的な関わりをする準備ができていないこともあるということです。相談をもちかけられた教師は、よかれと思ってすぐに助言や支援をしたくなってしまうかもしれません。しかし、そのやり方ではうまくいかないこともあります。たとえば、子どものことで親が相談に来た場合、親を励ます意味で「そんなに深刻にならないで」「いつかよくなるかもしれないので見守っていきましょう」と声をかけてしまいたくなるかもしれません。しかし、それは本当に根拠のある助言なのでしょうか。また、親の相談歴が長い場合、これまでにも同じような言葉を何度も投げかけられているかもしれないのです。

どのような心理療法であっても、まずは受容的な関わりが重視されます。これは、認知行動療法も例外ではありません。ロジャーズ（Rogers, 1957）によって提唱されたクライエントさんに向き合う際に大切にされる共感、受容、自己一致という三つの態度は、対人援助の際には必要不可欠なものであると考えられています。

子どもの現在地は？

この原則は子ども自身に関わるときにも当てはまります。先ほども述べたように、カウンセリング場面では、子どもは自分自身から支援を求めてくることは少なく、親や周囲の大人に連れてこられることがほとんどです。教室の中で支援していく際も、子ども自身が声を上げて相談に…というケースよりは、周囲が気づいて相談につなげていくことの方が多いと思います。

そのため、認知行動療法を始める際には、子どもの現在地をきちんと把握する必要があります。スクールカウンセラーとして、初めて会う場合、子どもは相談場面をどう感じているのか詳細にアセスメントする必要があります。自分の好きなことを話せるのか、あるいは話をすること自体を拒否しているのか、など子どもの態度はさまざまでしょう。

教師として子どもと関わるときでも、基本的な関係が築けていると過信しない方がよいかもしれません。子どもの中にも話したい話題と、話したくない話題があるからです。

そのため、認知行動療法を始める前に、子どもの現在地を把握して、そこからどのようなペースで支援を進めていくかを検討する必要があります。図3は登山に見立てて、悩みの種を相談するに至る道のりを表しています。

子どものペースで
悩みの種
スタート位置は
それぞれ
困っていることに
ついて話ができる？
質問に答えることができる？
日常会話ができる？
好きな話ができる？
会うことができる？

図3　子どもの現在地を知る

9

子ども一人一人に合わせて柔軟に支援を行う

「どのような技法を組み合わせたらよいのか？」は認知行動療法で最も難しいテーマになります。年齢や問題の種類を目安として、その子ども一人一人に合わせた支援方法を考えていきましょう。

認知行動療法の技法の組み合わせ

これまでに、子どもに伝わるように創造的な方法で教えることと、子どもの頑張りを認めながらサポートしていくことが大切であると述べてきました。そして、子どもの現在地を探りながら積極的な支援の導入のタイミングを検討した上で、いよいよ具体的な支援に入っていくわけですが、その際にポイントとなる点を説明します。

子どもの発達と認知行動療法

認知行動療法の成り立ちで説明した通り、認知行動療法を支える理論は一つではありません。特に子どもの支援について考えてみると、子どもとその周囲の相互作用から問題を捉える方法（行動モデル：22　行動から不安を読み解く）と、子ども自身の中で起きている相互作用に注目する方法（認知モデル：17　不安の正体を調べる）の二つを使うことができるのは非常に有意義な戦略であると考えられます。

一般的に、幼い子どもであれば、親子関係を中心とした家族に依存しており、成長とともに家族から、園や学校に生活の場を移していき、周囲の環境が広がっていくことになります。その過程の中で、いわば「自分らしさ」といえるような特徴が固まっていくことになるでしょう。

この子どもの発達過程と先に紹介した二つのモデルの組み合わせは非常に親和性があることがわかっていただけるはずです。すなわち、子どもが幼い場合は親子関係に焦点を当てた問題理解や支援方法の当てはまりがよく、成長するにしたがって、より広い世界にも対応できるような子ども自身のセルフコントロールを目指した支援を導入できるわけです。つまり、図４のように行動的技法と認知的技法を簡易的に位置づけた場合、発達にしたがって少しずつ認知的技法の割合を増やしていくことができます。

問題の特徴と認知行動療法

さらに、問題の特徴によっても、当てはまりのよい支援方法は異なっています。一般的に、子どもの心理的問題は、外在化問題と内在化問題の二つに分けられます。外在化問題は、直接

図４　行動的技法と認知的技法の組み合わせ
フリーマン（1989），坂野（1995），丹野（2008）を参考に作成

的に環境や他人に影響をもたらすような問題であり、たとえば、反抗、多動、攻撃、反社会的行動といった問題が含まれます。問題の性質上、環境との相互作用を考慮する必要があるため、行動モデルに基づく支援方法を活用したものが多く適用されています。

一方で、不安や抑うつといった内的な経験に影響するような問題を内在化問題と呼びます。この場合は、内的な経験を扱うことになるので、認知モデルに基づく支援方法が適用可能になります。つまり、問題の種類によっても、技法の組み合わせを変えていくことができるのです。

しかしながら、それらはいずれも目安にすぎません。最終的には、子ども一人一人の個性に応じて、効果的であると思われる技法を適用していくことになります。したがって、一言で「子どもを認知行動療法に基づいて支援した」といっても、その中身を細かく見ていくと、さまざまな支援方法が含まれることになります。

子ども一人一人に合わせて認知行動療法の技法を組み合わせる

10

子どもが身につけられるスキルを教える

認知行動療法で扱うスキルは、新たに身につけたり、学び直したりすることができるものであると考えます。勉強や運動と同じように繰り返し練習することで身につけられます。

子どもができること

スクールカウンセラーなどの存在によって、カウンセリングや心理療法について知る機会が増えてきていることと思います。それでもなお、心理的支援を受けることは、特別な機会であると捉えられることも少なくないと思います。そのため、相談に来た家族や、教室にいる子どもたちに、心身の健康のためにどんなことができるのかを伝えてあげることは非常に大切なことになります。

スキルは身につけられる

子どもの認知行動療法では、自分の心身の健康のために使える具体的な技術や知識をスキルと呼ぶことがあります。認知行動療法のスキルは、練習を通して身につけることができると考えます。この考え方は、勉強や運動と共通したものになります。たとえば、漢字テストや算数ドリル、マット運動等のように、周囲の大人や友達から教えてもらって、試してみることで、そのスキルを自分のものにすることができます。

この考え方は、ある意味当たり前のことなのですが、人はついつい性格や生まれつきの特徴に原因を求めてしまう傾向があります。たとえば、人間関係をうまく築けない場合に、

「空気が読めない人」と言ってしまうことがあります。これを「泳げない」に置き換えてみたらどう感じ方が変わりますか？　練習してみたくなりませんか？

これから教えるスキルは、誰でも学ぶことができるものだと子どもに伝えることは非常に大切です。この考え方は、認知行動療法が大切にしている人間観でもあります。

練習することの大切さ

もう一つ重要な点はスキルは繰り返し練習することで上手になるという点です。どんな勉強や運動も、一度で完璧にマスターすることは難しいでしょう。逆に練習すればするほど上手になり、より高度なものを身につけられます。認知行動療法のスキルも全く同じです。そのため、認知行動療法では、教室や相談室の中だけでなく、日常生活の中でも繰り返し練習することを大切にしています。学校や家庭で練習できる場をなるべく多く設けるように工夫してください。子どもの実際の生活の場を想定して、現在抱えている問題を解決することや、将来役に立つようなスキルをたくさん練習できるようにすることを考えていきましょう。

自然に学ぶ、体系的に学ぶ

子どもはどんなことでも学ぶ存在です。これまでの生活の中で、自然と適切なスキルを学んできた子ども確かにいます。たとえば、人に頼みごとをするときに、丁寧に言うことを周囲から教えられたり、周りを見て学んだりしている子どももいます。

逆に、人に乱暴なものの言い方をしてしまう子どもは、間違ってスキルを学んできたと考えます（誤学習の問題）。逆に人にものが頼めない子どもは、適切なスキルを身につけてこなかったと考えられます（未学習の問題）。いずれも、適切な学習の機会がなかった、あるいは足りなかったといえます。

そういった子どもたちに新たな学習の機会を与えるのが認知行動療法の各技法のねらいになります。すなわち、学習の機会を体系的に与えていこうとしているわけです。スキルを身につけられなかった、あるいは間違って学んできてしまったケースほど、体系的な学習の機会を設けてあげることが大切だと考えます。

認知行動療法では身につけられるスキルを練習する

11

気持ちを表現してみる

気持ちは主観的な体験ですが、他人からは見ることができないものです。気持ちを「見える化」していくためのやりとりは、子どもに認知行動療法の考え方を教える導入としてよいきっかけになります。

気持ちについて話してもよい

子どもによっては、自分のネガティブな気持ちを口にすることは悪いことであると考えているかもしれません。「変なことを口にしてはいけません」「そんなことは考えないように」といった形で、周囲の大人から誤ったメッセージを受けていることもあります。どんな感情であっても、それは何ものにも代えがたいその人自身の体験です。どのような感情であったとしても、それを否定する権利は他人にはありません。しかし、何でもしてよいかということとは少し違います。たとえば、イライラしてしまうことは仕方がないことですが、それで他人のものを壊してしまうことはいけません。

気持ちと行動を分けていくことは、認知行動療法のポイントの一つになります。そのためには、ネガティブな感情であっても話してもよいとする場を提供することは大切な第一歩になります。

嫌な気持ちになることは普通のこと

不安を例に考えてみましょう。不安は誰にでも備わっている感情です。進級して新しいクラスに行くとき、授業中に発表するとき、入学試験を受けるとき、学校の場面に限っても、不安になる機会はたくさん存在します。そして、そのいずれもが、ありふれたことであるといえます。そのため、イライラすること、落ち込むこと、どんなものであっても、その感情を体験すること自体は普通のことであるという点を子どもと確認します。そして、嫌な気持ちになることを否定してはいけません。しかし、そこからどのように行動するかは選ぶことができると教えることができます。

気持ちを表現する

気持ちは主観的な体験で、確かにその人が感じていることではあるものの、実際には形にして取り出すことができないという特徴をもっています。そのため、まずは話題にしたい気持ちに、何らかの形を与えてあげることが大切になります。むしろ、不安や心配は漠然としているからこそ、困ってしまうということもできます。将来のことが不安、ウイルスに感染しないか心配、いずれも漠然として形がないからこそ、私たちを苦しめています。

まずは、気持ちを表現する言葉を図5のように子どもと一緒に探してみるとよいでしょう。最初は「いい気持ち」と「嫌な気持ち」の2種類しかわからない子どもであっても、少しずつエピソードについて話す中で、自分の体験にぴったりと合った言葉を見つけられるかもしれません。

言葉で表すのが難しい子どもの場合は、顔のイラストを使って表現してみたり（泣き顔や、笑顔）、オノマトペ（ドキドキ、イライラ、ムカムカ）を使ってみたりすることもできます。あるいは、子どもの好きなキャラクターなどにたとえてみるのもよいでしょう。たとえば、わかっているのに手を洗うのをやめられない子どもの場合、その困った状態を、「手洗いをやめたいのに、しつこく『手を洗え』と言ってくるような妖怪やモンスターが頭の中にいる」とたとえたりもできます。子どもと一緒に感情に名前を付ける作業をすることは、子どもが気持ちについて無理なく話を続けていくきっかけにもなります。

図５　気持ちを表現する言葉

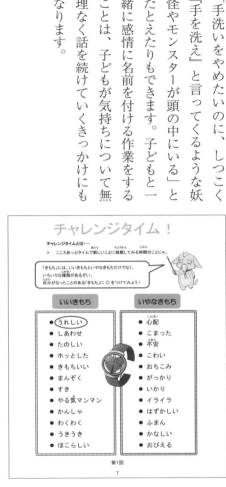

12

気持ちには大きさがある

気持ちには、大きさがあるということを教えることで、課題の難易度や見通しを伝えることができます。便利な数字や視覚的なヒントを使いながら、子どもの気持ちの大きさを測っていきましょう。

気持ちの大きさを測る

気持ちの表現方法を見つけることができたら、次はその大きさを表す方法を探していきます。気持ちに大きさがある、このことを普段意識することは、あまりないかもしれません。しかし、気持ちの大きさの違いに気がつくことは、スモールステップで苦手なことを克服する練習の前には身につけておきたいスキルになります。

もし不安がなかったら?

不安が高すぎるクライエントさんは、「どうにかしてこの不安を手放したい」と訴えるかもしれません。この場合は、不安の大きさをゼロにしたいと考えているわけです。しかし、不安や緊張は誰にでもある感情であると説明しました。不安がなくなってしまうということは、非常に危険なことにもなり得ます。

たとえば、図6のような場面を考えてみてください。この場面で不安がゼロの人はどのような行動をとると思いますか？　友達にすぐに話したいと思って、危険な道を渡ってしまうかもしれません。車に対する不安や緊張感というものは、私たちの命を守ってくれる非常に大切な機能をもっています。

過度な不安と適度な不安

適度な不安や緊張はパフォーマンスを高めるのに役立つこともあります（Yerkes & Dodson, 1908）。たとえば、スピーチの場面などを考えてみましょう。緊張感が全くないと、失言をしてしまったり、準備不足だったりして、あまりよい成果をあげられないかもしれません。一方で、不安が高すぎたらうまく言葉が出てこなかったり、緊張感が強すぎたら本来の力を発揮できなかったりすることもあります。

最適な状態というのは、本人の状態や課題によって異なるという前提に立てば、適度な不安や緊張というものは、人間の生活に必要なものであるといえます。したがって、認知行動療法では、ネガティブな感情を完全に手放すことを目指すのではなく、適度でコントロールできる大きさにしていくことを目的にします。

図6　不安が必要な場面の例

気持ちの大きさの表現方法

気持ちの大きさの表現は、数字で表すのが一番簡便な方法です。テストなどに合わせて、0から100の数字で表したり、幅が大きすぎるようなら10までにしたりすることもできます。

さらに、視覚的な刺激を組み合わせることも有効です。数直線を使ってみる、あるいは教室にある声の大きさの図などを参考にしてもよいと思います。たとえば、図7のようなイラスト（石川、2018）を使って、実際に矢印を動かすことができるような教材があれば、さらに直感的に理解することができると思います。

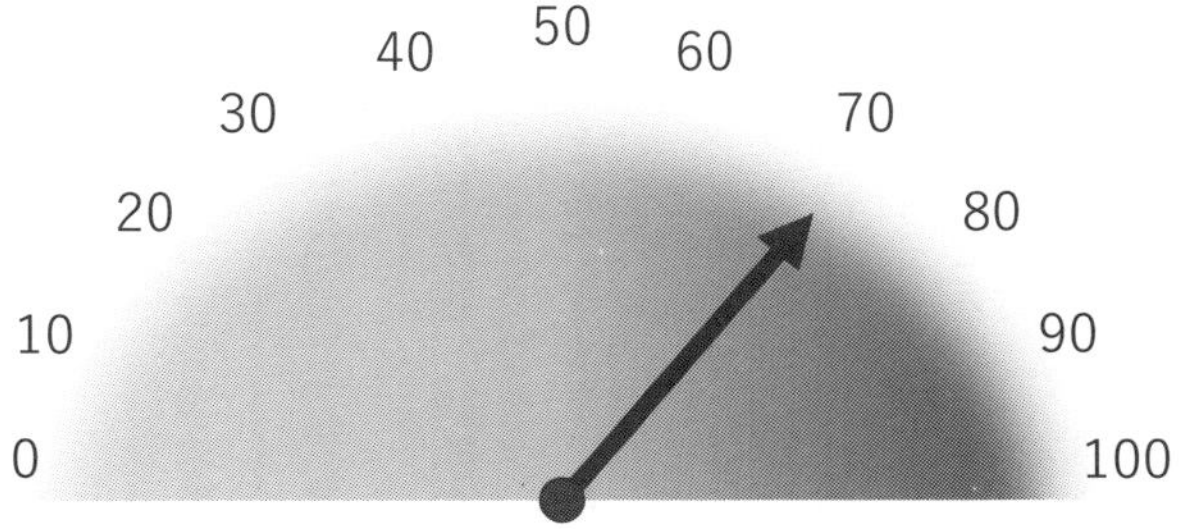

図7　気持ちの大きさを測る教材の例

13

気持ちと身体はつながっている

気持ちについて学ぶ際には、「こころ」と「からだ」のつながりから、説明を始めることもできます。身体に感じる変化をきっかけとして、気持ちの変化について教えることができます。

心と身体のつながりについて

気持ちを具体的に扱うもう一つの方法として、身体の反応をヒントにするという方法があります。最初は、気持ちを言葉で表現することが苦手な子どもの場合は、身体の反応をヒントにしていくことができます。

たとえば、図8のようなイラストをヒントにしながら、子どもと気持ちと身体の反応を探っていくことができます。他にも子どもの好きなマンガやイラストを使って、気持ちと身体反応の関係性に気がつけるような課題を作成することもできます。

リラックスしているときと困っているときを比べる

心と身体のつながりについて理解できたら、次にリラックスしているときと、不安を感じているときの身体の様子を比べてみます。たとえば、不安を感じたとき、身体にどのよう

緊張で
汗がダラダラ
心配で
心臓がドキドキ
怒りで
顔が真っ赤
がっかりして
肩を落とす

図8　気持ちと身体の反応の例

な変化が起きているのかを調べていきます。心拍数が高くなること、お腹が痛くなること、手に汗をかくこと、あるいは筋肉に力が入っていることなどが報告されると思います。これらをまとめて、イラストの中に書き込んでいくと、一目で身体の反応を見て取ることができます（図9）。大きな模造紙を床に敷いて、その上に子どもに寝転んでもらって輪郭を書いてから、その身体のどこに不安を感じるかというのを書き込んでいく活動に使うこともできます。

心身相関について説明する

リラクセーションの技法は、幼い子どもにも導入しやすいものの、思春期以降の子どもを対象にする場合は、その理論的な背景を説明しておくこともできます。自律神経系の役割について、たとえば図10のようなワークシートを使って説明することができます。

図9　身体の反応を特定する

＊交感神経が優位な場面

仕事をしているとき
勉強がはかどっているとき
試合や運動をしているとき

＊副交感神経が優位な場面

寝入るとき
食事を楽しんでいるとき
のんびりしているとき

このような説明を加えることで、思春期以降の子どもたちにとっても、リラクセーションに取り組む動機づけを高めることができます。たとえば、部活動の試合や発表会、あるいは試験等に効果的であることを説明することも有用です。子どもや学級の実態に合わせて、リラクセーションの意義についての説明方法を考えてみましょう。

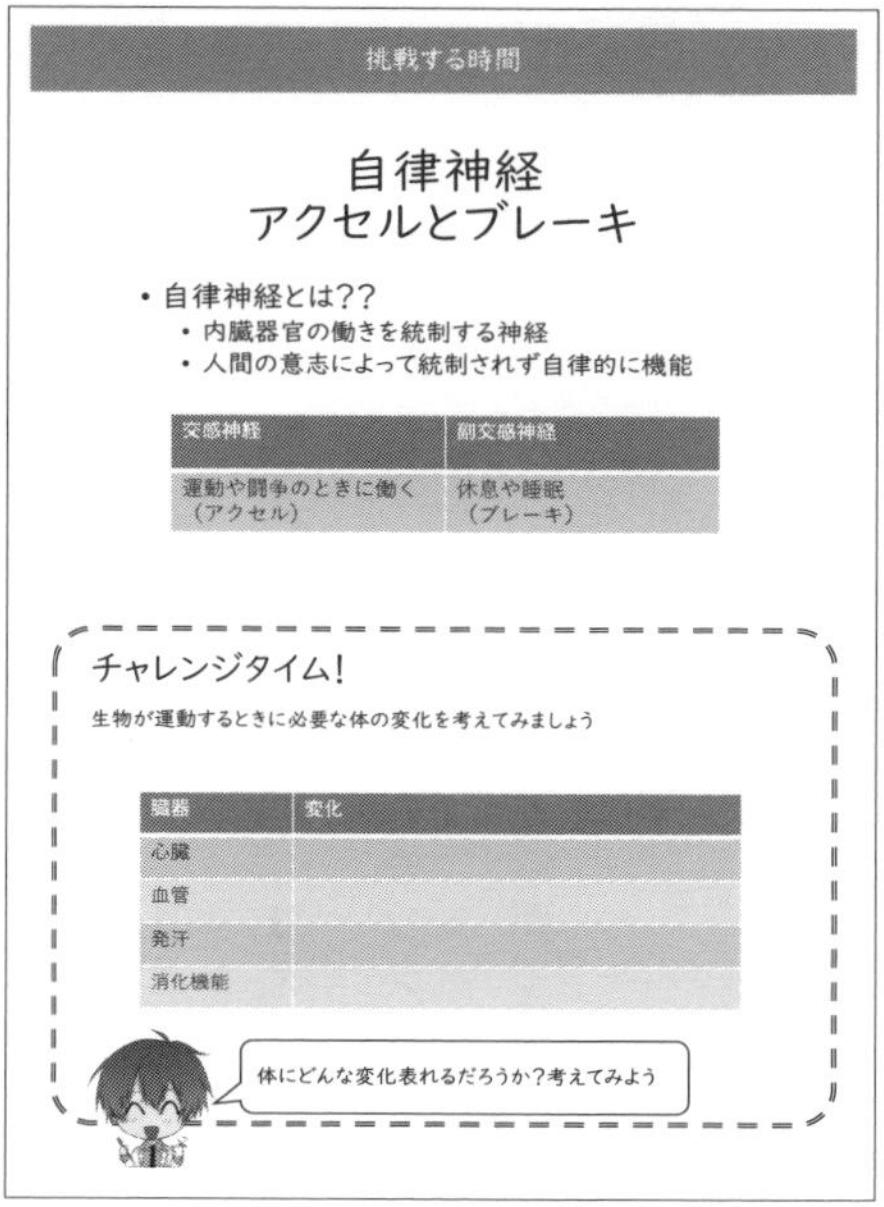

図10　ワークシート例

14

吐く呼吸でリラックス状態を味わう

吐く呼吸がリラックスを促す呼吸になります。細く長く息を吐く練習をしていくことで、リラックスの状態を味わいます。腹式呼吸によるリラックス法は、さまざまな場面で使うことができます。

呼吸によるリラクセーション

呼吸について意識することは、体のリラックスを導く上で非常に大切なポイントです。呼吸には大きく二つあります。胸を動かして呼吸することを胸式呼吸と呼び、お腹を動かして呼吸することを腹式呼吸と呼びます。

通常、人間は起きて活動しているときには胸式呼吸をしており、腹式呼吸は寝ているときに行われるものなので、起床時には意識して行う必要があります。呼吸によって体のリラックスを目指す場合、腹式呼吸を行うことになります。たとえば、ヨガ、座禅、瞑想など、腹式呼吸による体のリラックスは、多くの手法で取り入れられています。

腹式呼吸の指導方法

図11は、呼吸法を導入する際の教示の例です。教示の言葉は必ずしもこの通りである必要はありません。ここでのポイントは、息を吐くときにお腹を引っ込め、吸うときにお腹を膨らませることです。呼吸では息を吸うときに心拍が速くなり、吐くときには心拍は遅くなります。すなわち、吸う息は緊張する息であり、吐く息はリラックスする息であるとされています（福井、2008）。

そのため、呼吸法を導入する際には、まずは息を吐き出すことから始めるようにします。その際には、手をお腹に当てへこませます。息を吐くときにお腹がへこんでいないと、腹式呼吸にはならないので、まずはこの点に気をつけてください。

息を吐いた後でお腹がへこんでいれば、息を吸い込むと自然にお腹が膨らむようになるはずです。これもお腹に手を当てて確認しながら進めるとよいと思います。その後、息をゆっくり吐いていくことになるのですが、その際の注意点は、一気に吐き出さないことです。教示にもあるように1秒を目安に、一度吸った息を止めた後で、できるだけ長く吐き出すようにします。

指導上の工夫

先ほども説明した通り、細く長く息を吐くことでリ

教示の例

- まず，息を 胸から 全部 吐き出します。
- 全部 吐き出したら，鼻から ゆっくりと 息を吸います。
- 吸った 息は お腹に ためてください。
- これ以上 たまらなくなるまで 吸ってください。
- お腹いっぱいに 息がたまったら，１秒 息を止めます。
- その後，細く長く 口から 息を 吐きます。
- 全部 息を 吐き出すことができたら
  もう一度 繰り返します。

図11　リラクセーションの指導方法の例

ラックスを味わうことができるので、できるだけ息を長く吐くようにします。たとえば、「ロウソクが口の前にあると想像して、その火を消さないように」といったイメージを伝えてみる、あるいは、実際に紙を口の前に置いてその紙が吐く息で震えないようにと教えることもあります。

また、腹式呼吸をうまくできない場合は、床に寝転んで指導するとよいでしょう。寝ている状態であれば、比較的簡単に腹式呼吸を味わうことができます。その後で、着席や起立状態で試すこともできるでしょう。

いずれの場合も、リラクセーションを導入する際には、気が逸れてしまいそうなものは取り除いておき、広くて皆が十分にスペースをとれる静かな場所を確保しておくことが必要です。そして、寝転んだりすることも踏まえて、リラックスできる服装で実施するといった点も注意しておくとよいと思います（石川、2013）。

15

筋肉の弛緩でリラックス状態を味わう

筋肉の弛緩によるリラックス法は、まずは筋肉を緊張させることがポイントです。一定時間筋肉を緊張させた後で、力を抜くことでリラックスを味わうことができます。

筋弛緩によるリラクセーション

緊張や心配、イライラなどを強く感じているときに、肩の力を抜こうと思って肩を上下させたり、手足をブラブラさせたりする経験は誰にでもあるかと思います。しかし、思ったよりもうまくいかないかもしれません。それはどうしてでしょうか？　その理由を含めて、ここでは筋肉の緊張と弛緩によるリラックスの方法を説明します。

漸進的筋弛緩法の指導方法

ここでは、漸進的筋弛緩法を取り上げたいと思います。ここでのポイントは、まず筋肉に力を入れてから、その直後に弛緩させるという点です。先ほど、リラックスしようとして体を動かしても、うまくいかないことがあると述べましたが、その原因は、いきなり弛緩状態に向かおうとしても難しいからなのです。漸進的筋弛緩法では、あえて最初は筋肉に力を入れて、筋緊張を維持させた後で脱力するという過程を繰り返すようにします。

導入するときには利き手から始めます（図12）。指導者も並んで、もしくは向かい合って一緒にやるとよいでしょう。まずは、座っているなら太ももに手を置いて、握り拳を作ってもらいます。この際親指は、外に出しておきます。そして、6割から8割くらいの力で握り続けるように言います。子どもの場合は、細かい加減がわからないかもしれないので、全力ではないくらいの力と説明してもよいです。その後で、心の中で「リラックス」とつぶやき、手のひらを開きます。すると、血が巡り温かくなる感覚が味わえると思います。その感覚を味わいながら、さらに手のひらから力を抜いていきます。目安としては力を入れたときの二倍以上の長さをあけて弛緩状態を味わうようにします。十分に弛緩した後（教示の場合は20秒）で、再度握り拳を作り、最初から何度か繰り返していきます。

指導上の工夫

利き手で試した後は、徐々に大きな筋肉のま

教示の例

- 利き手をそっと開いてください。
- 開いた手に力を込めて握ってください。
- 握った拳を見つめながら力を入れ続けてください。
- 心の中で10秒数えます。
  10秒経過
- 「リラックス」と心の中で言いながら手を開きます。
- 手のひらに血が巡って温かくなるのを感じてください。
- 手のひらの感覚を味わいながら，さらに力を抜いていきます。
- 心の中で20秒数えます。
  20秒経過
- リラックスを味わえたら，最初からもう一度繰り返します。

図12　リラクセーションの指導方法の例

とまりで練習し、必要があれば全身の筋弛緩までつなげていきます（福井、2008）。子どもと全身まで練習することは少ないですが、手のひら、上腕、肩を一緒に行う方法などは比較的使いやすいと思います。握り拳を作ると同時に、上腕は力こぶを作って、肩の方に引きつけ、同時に肩はすぼめるように耳に近づけます（図13左）。その筋緊張状態を10秒間保った後で、腕をダランと下げて脱力した状態を20秒の間味わうようにします（図13右）。この際、肩の辺りに広がる血流の感覚や、腕の重さなどを感じるようにします。腕から力を抜くといかに腕が重いかということがわかります。

指導の前には、ご自身でも試していただき、弛緩した状態を味わってみてください。リラクセーションも他のスキルと同様に練習すればするほど上手になりますので、まずは指導者側がうまく筋弛緩を使えるように練習してみましょう。

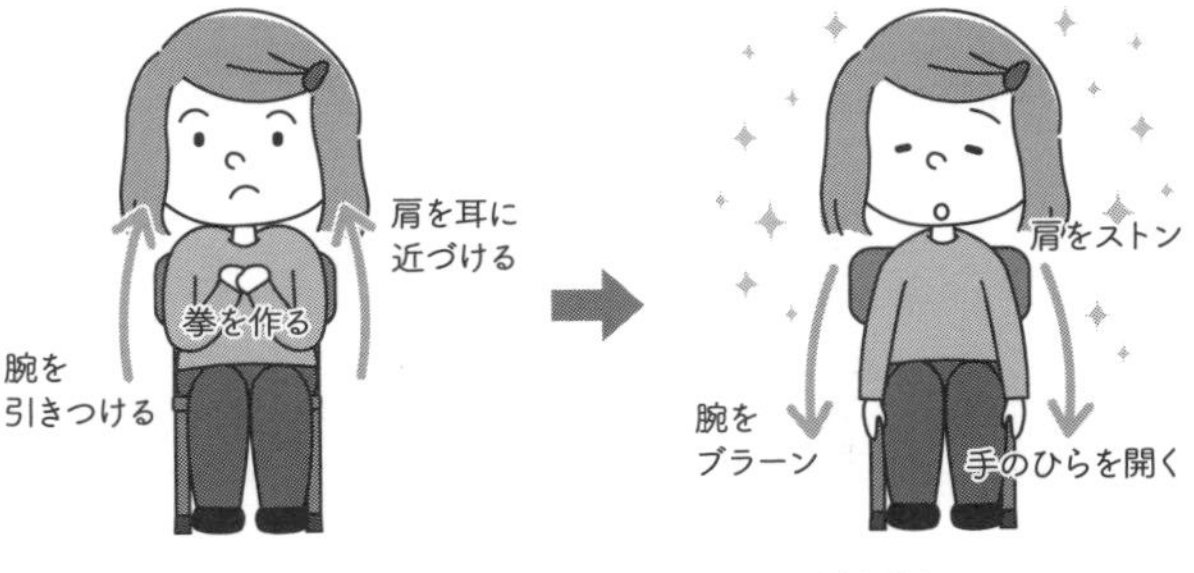

肩を耳に
近づける
拳を作る
腕を
引きつける
肩をストン
腕を
ブラーン
手のひらを開く

図13　手のひら，上腕，肩の弛緩法

16

イメージを使ってリラックス状態を味わう

イメージを活用することで、筋肉や呼吸のリラックスの方法を伝えることができます。さらに、イメージの特徴を生かして、子どもと一緒に非日常的なイメージを使うこともできます。

イメージを使ったリラックス

リラクセーションは、多くの子どもたちに使用することができる方法とされています。その一方で、リラックスしたという体験は、身体的な感覚であるので、なかなかコツをつかむことができない場合もあります。これまで紹介した方法で導入が難しい場合は、イメージを使ったリラックス方法を活用することもできます。

イメージを使う際の指導方法

子どもにリラクセーションを教える際に、イメージを使う場面は主に二つあります。一つは、呼吸のコツや筋肉の弛緩の感覚をイメージで伝える場合です。たとえば、呼吸のところではロウソクを思い浮かべる方法を説明しましたが、細く長く吐く息を練習する上で、やわらかな紙風船を膨らませるといった形で、イメージを使って教えることができます。

筋弛緩でよく使われるのは、筋肉に力が入っている状態をブリキのロボットや亀の甲羅の中に入ること等にたとえるやり方です。逆に、弛緩している状態をタコやイカ、あるいはワカメなどにたとえたりすることもできます。硬いものからやわらかなものに変化する例としては、カチカチのアイスクリームを熱い鉄板にのせているイメージなどを使うこともできます。身近な例を使うことで、リラクセーションに必要な体の感覚を伝えながら、指導者と楽しんで実践することができます。

もう一つは、イメージそのものでリラックスを促すような方法を用いる場合です。たとえば、木陰で休んでいる様子のスクリプトを紹介します（石川、2018）。

あなたは、今、森の木陰にいます。
今日は、天気もよく、気持ちのよい風が吹いています。
小鳥が、チュンチュン鳴いているのが聞こえます。
芝生と土のとてもいいにおいがします。
今日は、ここでゆっくりお昼寝することにしました。
ゆったり、ゆったり、…いい気持ちになってきました。

さらに、イメージが豊かな子どもであれば、現実から少し離れたものを取り上げてもよいでしょう。自分がリラックスできる静かな特別な場所を想像させる方法（シラルディ　著　高山　監訳、2019）や、大きなシャボン玉の中に入っているイメージ、雲の布団の中に包まれているイメージなども活用することができます。

指導上の工夫

リラクセーションの技法は、いずれも身体反応の変化を促す方法なので、実施の際には子どもの心身の状態をきちんと観察しておく必要があります。腹式呼吸では鼻が詰まっていたり、呼吸器系の問題があったりするときには導入は難しいかもしれません。また、筋弛緩法は、手や腕にケガをしていたら導入は見合わせるべきでしょう。また、力の入れすぎなどには注意が必要です。

さらに深いリラックス状態を導く自律訓練法においては、心筋梗塞、糖尿病、低血糖様状態、精神病様状態など明確な禁忌の症状があります（松岡・松岡、1999）。そのため、自律神経系に影響を与える可能性がある介入を行う場合は、子どもによっては、主治医の指示に従って実施する必要があります。

不安のある子への
「認知行動療法」のポイント

17

不安の正体を調べる

不安で困っている子どもが相談に来たら、よかれと思ってすぐに助言をしてしまうかもしれません。人によって不安の様子は異なります。まずは一緒にその不安の正体を調べるところから始めましょう。

不安のある子に認知行動療法を適用する

ここからは、不安のある子どもへの応用を紹介します。アキナさんという中学校2年生の女の子のケースを考えてみましょう。アキナさんは、中学校に入ってから不登校状態が続いています。新学期が始まる前に、お母さんと一緒に相談に来ました。

お母さんは、席に着くなり自分で作成した資料を見せながら、矢継ぎ早に話をします。たとえば、1年生のときの様子や担任の先生に伝えてほしいことなどです。一方、アキナさんはお母さんの横で下を向いたまま黙っています。

不安の正体を調べる

「わかりました。相談室は不登校のお子さんが安心して過ごせる場所にしたいと思っています。なので、アキナさんには安心して自分のことを話してもらいましょう。ですから、お母さんはそんなに深刻に思い詰めずに、アキナさんを見守っていきましょう」

あるスクールカウンセラーがこのように伝えたとします。この対応は、一見したところ大きな問題はなさそうに感じられるかもしれませんが、いくつか疑問があります。

✧ なぜ「自分のことを話してもらおう」という支援を提案したのでしょうか？

✧ どうしてお母さんに「深刻にならないように」と助言したのでしょうか？
✧ そしてどんな根拠から「見守っていく」という支援方針を立てたのでしょうか？

先ほど「8　スタート位置とペース配分を考える」で、子どもによって自分の話ができるかどうか、すなわち現在地は異なるという点を説明しました。この点を頭に入れていただくと、最初の提案は、もしかしたらこのケースにはうまくハマらないかもしれないと理解してもらえると思います。そして、親が同じような助言をたくさん受けていた場合、このような助言が気休めに思われてしまい、根拠なく具体的な策を打たないことに同意してもらえないことも十分に考えられます。

認知モデルで不安の正体を調べる

不安で困っている子どもの支援においては、「まず助言を」ではなく、「詳しく調べる」ところから始める必要があります。つまり、不安の正体を一緒に暴いていくことを目指します。

先ほどのケースに戻って、アキナさんの朝の様子を考えてみましょう。朝お友達が家に迎えにきて家の呼び鈴を鳴らします。しかし、アキナさんは布団にくるまって出てきません。そこで、お母さんが「ごめんね。先に行ってくれる？」とお友達に伝えます。そうするとお友達が登校した後で、アキナさんはノソノソと布団から出てきて、居間にやってきます。

この場面について認知モデルを使うと図14のように捉えることができます。アキナさんは、呼び鈴がなるという事前の出来事に対して、行動として対処する一瞬前に、「どうしよう！」と考えてしまっています。これを自動思考と呼びます。そして、自動思考を含む人の情報処理過程を大きく認知と呼びます。つまり、この認知によって、不安が高まってしまいます。そして、その結果として回避する、すなわち起きてこないことになっていると考えることができます。

このように、人はある出来事を解釈することで、不安を感じることになります。これは、まさに子ども自身の中で起きている相互作用に注目しており、それぞれの要素の英語の頭文字をとって認知モデルのＡＢＣとして知られています。

事前の出来事
(Antecedent Events)
認知
(信念)
(Belief)
情緒・行動
結果
(Consequences)
家の呼び鈴が鳴る
「どうしよう！」
不安・回避

図14　認知モデルのABC

18

考え方のクセを知る

誰にでもある「考え方のクセ」ですが、それ自体を頭ごなしに否定することはしないでください。まずは、「考え方のクセ」に気づき、どのような点が問題になっているのか整理していくことから始めます。

特徴的な考え方のクセ

「無くて七癖」というように、人は生きていく中でいろいろなクセが身についていきます。クセの中にはすぐに気がつくものや、人から指摘されないと気がつかないものもあります。知らず知らずのうちにしてしまうクセ、それ自体はありふれたことなのですが、中にはそのクセのせいで他人や自分が困ってしまうこともあります。その場合は、支援の必要性があるかもしれません。これは「考え方のクセ」も同じです。

認知モデルで考えてみる

不安が高いアキナさんも考え方のクセをもっています。教室に向かっていくアキナさんの頭の中を、認知モデルを使って覗いてみましょう。教室の入り口が近づいてくるとアキナさんの頭の中には、さまざまな考えが思い浮かんでいます（図15）。「教室に入ったら酷い目に遭うに違いない」「うまくしゃべれないとのけ者にされてしまう」などです。

望むと望まざるとにかかわらず、人はある場面で半ば「自動的に」頭の中に考えが浮かんできます。この考えのことを自動思考と呼ぶことは説明しました。自分で自分に頭の中で独り言を言っているようなイメージです。さて、このような考え方が頭に広がっていったら、どのような気分になると思いますか？　おそらく「教室に入ったら酷い目に遭うに違いない」と考えれば、不安でいっぱいになってしまい、「うまくしゃべれないとのけ者にされてしまう」と考えると、ますます心配が酷くなってしまうはずです。このように、くすぶっている炎に燃料を投下するかのように、不適応な考え方は、不安や心配をどんどんエスカレートさせてしまいます。

不安な子どもがもつ考え方のクセ

ただし、この考え方について「バカなことを考えるな！」と否定することはしないようにしましょう。たとえば、いろいろなことを心配する子どもは、ニュースを見たりすると、「戦争が起きたらどうしよう」「大きな台風が来たらどうしよう」と心配になります。しかし、大きな災害や事件事故が起きる可能性はゼロではないので、この子どもたちが考えてい

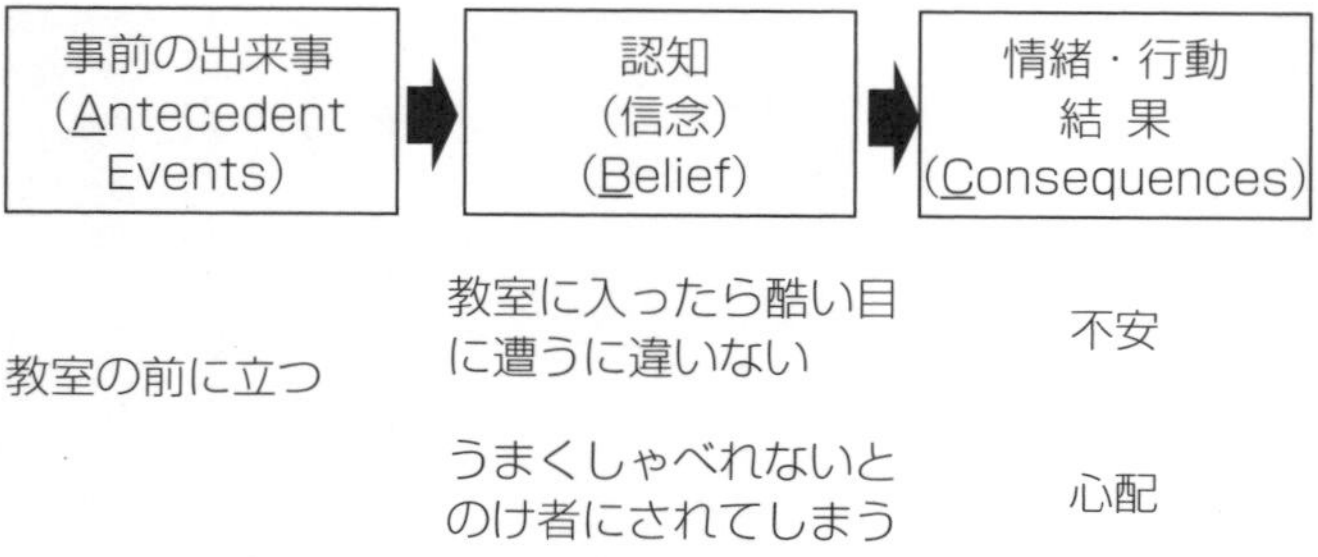
事前の出来事
(Antecedent
Events)
認知
(信念)
(Belief)
情緒・行動
結 果
(Consequences)
教室の前に立つ
教室に入ったら酷い目
に遭うに違いない
不安
うまくしゃべれないと
のけ者にされてしまう
心配

図15　認知モデルのABCに基づく理解

ることは「バカなこと」ではないのです。

ここでの問題は、考えている内容ではなく、その内容を信じ切ってしまってそこから動くことができないことにあります。不安が高い子どもがもつ特徴的な考え方の一つに、確率を過剰に見積もるというものがあります。アキナさんの考え方を見てみましょう。もし教室で実際に酷いことが起きないのであれば（この点を周囲の大人が確認しておくことは非常に重要です）、酷いことが起きるに違いないと確信していることが本人を苦しめていることがわかります。

不安は結果を予測することで起きる感情なので、ある行動の結果を過大に評価してしまうというのも不安を煽ってしまう考え方のクセの一つです。アキナさんの例に戻ってみると、「うまくしゃべれないとのけ者にされてしまう」という心のつぶやきが、この特徴にあたります。会話がスムーズにならないことはあり得る話かもしれません。一時的に気まずくなったりすることは十分あり得ることです。ただ、その結果として「のけ者にされてしまう」という「最悪の結論」に一気に飛びついてしまい、それを確信してしまうのが、この考え方の特徴です。

19

やわらかい考え方を探る

「前向きに考えよう！」と説得することは、認知行動療法では推奨されません。子どもは世界の見方を構築している段階にあります。そのため、子ども自身の視点も大切にしながら、対話によって視野を広げていきます。

マイナス思考が悪者ではない

子どもがネガティブなことを言っているのを聞くと、ついつい「そんなことを考えないで」「前向きに考えようよ」と声をかけたくなってしまうかもしれません。これらの声かけはよかれと思って子どもを励ましているのですが、もし子ども自身が自分の考えを強くもっていたらどうなるでしょうか？

おそらくメッセージの意図は伝わりにくいのではないかと思います。それどころか、「あの人はわかってくれない」「そう言うけど私はそうは思わない」と感じてしまうかもしれません。口論になってしまうこともあるかもしれません。この場合、マイナス思考を悪者にしてしまうような声かけはうまくいきません。それどころか、問題を悪化させてしまうでしょう。

子どもは自分の見方を構築していく存在

それでは、どのような声かけが求められるのでしょうか？　その点を明らかにしていくために、子どもの物事の見方、捉え方の発達について少し考えてみたいと思います。

さまざまな出来事が起きたときに、人はその原因に関する推論を行います。たとえば、試験で失敗したときに「自分の実力が足りなかった」「試験が難しかった」、あるいは「運が悪かった」などです。このことを帰属と呼びます。

やがて、子どもが発達するにつれて、生活の中で感情を引き起こすさまざまな出来事に出くわすようになります。それらの原因の帰属をしていくうちに、やがて子どもは出来事について事前に予測するようになります。たとえば、「また失敗するのではないか」「試験は難しい」といったような具合です。

子どもは、このような予測と帰属を繰り返し成長していくことで、一貫した認知的な「型」のようなものを構築していくと考えられています（Kendall, 2012）。つまり、学齢期の子どもたちは、さまざまな経験を通じて、自分なりの物事の見方、捉え方を作り上げていく過程にあるといえます。

視野を広げること

先ほど、考え方のクセの中には、必ずしも間違っていると簡単に否定できるものだけではないと説明しました。そうではなく、事実としてはある側面を強調しすぎている、いわば程度の問題であるといえるでしょう。つまり、災害や事故に遭う可能性はゼロとはいえないけれども、他にどのようなことが考えられるだろうか。うまくしゃべれないことで他にどんな結果が待っているだろうか。そういった質問を通じて、子どもの視野を広げてあげられないかを探っていくのです。

認知的技法のポイントは、説得ではなく対話にあります。つまり、違う意見をぶつけ合い、相手の考え方を潰そうとするのではなく、異なる意見、多様な捉え方を見つけ出し、比べていくことによって、さまざまな可能性や視点を一緒に眺められるようにするとよいと思います。イメージとしては、図16のように、今困っている考え方のクセを相談の場に置いて、上下左右から眺めてみる、そしてそのことについて自由に意見を並べていきます。

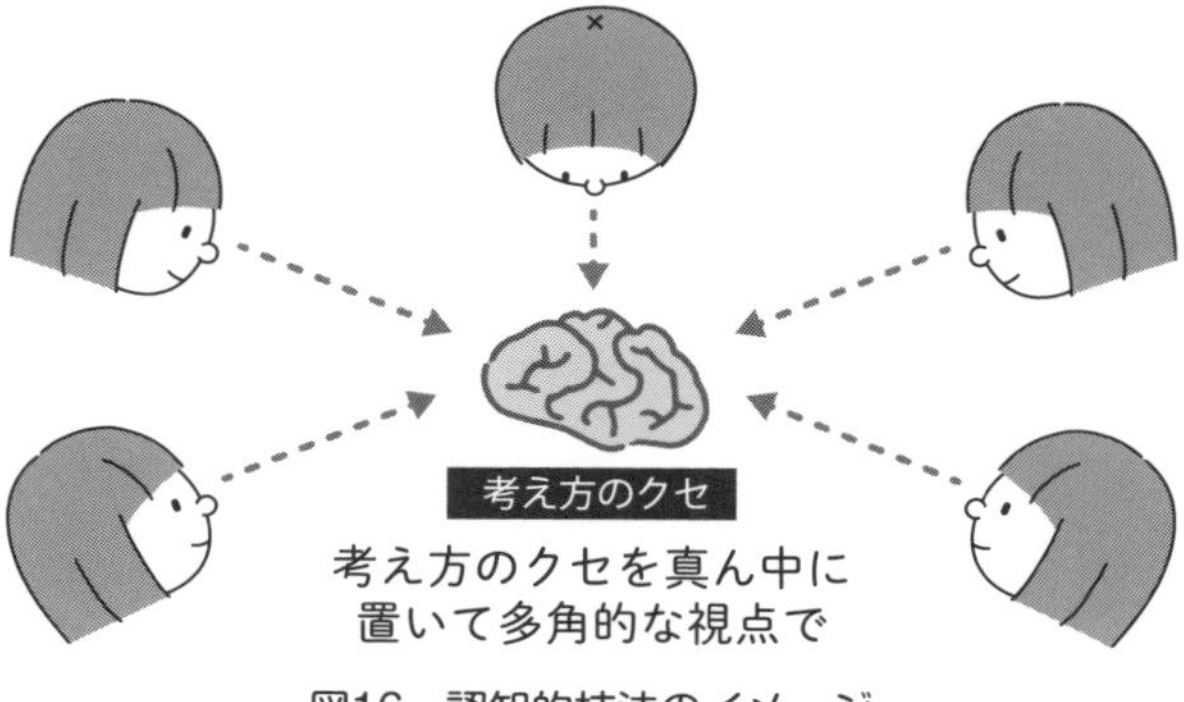
考え方のクセ
考え方のクセを真ん中に
置いて多角的な視点で

図16　認知的技法のイメージ

20

バランスのよい考え方に気づく

認知的な介入では、マイナス思考も含めて、多面的に物事を見ることができるような柔軟な姿勢を育てていきたいところです。現実的な視点に立ったときに「思いやりのある声かけ」が何か一緒に探していきましょう。

考え方のバランスを調べる

いろいろな考え方に触れることができたら、バランスのよい考え方を探っていきましょう。これまでに考え方のクセというものは、極端に考えてしまうところに問題があると説明してきました。たとえば、アキナさんが相談室での友達との会話を振り返ったときに「最悪だった。せっかく話しに来てくれたのに少しも盛り上げられなかった。もう友達は来てくれない」と考えたとします。それを数直線に表すと図17のAのようになります。つまり、あらゆる可能性の中で最悪であったと考えているわけです。

思いやりのある心のつぶやき

「19　やわらかい考え方を探る」で説明したように、さまざまな可能性を多角的に見ていくと、どうなるでしょうか？　たとえば、「本当に最悪の会話ってどんなものかな？」「ずっと二人とも黙っていること？」「それとも二人でケンカしてしまうことかな？」ということを話し合うことができます。ここで重要なことは、説得することではありません。その考え方を並べて見ていくことです。アキナさんは、「そこまでではなかったから、最悪ではないかな？」と思い図17のBのように矢印の位置を変えられました。

ここまでできれば、最初のところからは、視野が広げられているといえます。そこで、支援者側や子どもの方にさらに取り組む余裕があれば、ラベルになっている言葉に注目してみるとよいと思います。不安が高い子どもは、目標水準が高すぎる場合があります。その場合、ここでの最悪、普通、良いという状態を具体的にしていくとよいでしょう。ラベル自体が厳しすぎるときには、言葉を入れ替えても構いません。たとえば、図17のCのように最高を新しく追加してあげることで、日常会話ができていたということは、実は普通ではなく、良いという評価になるかもしれないと気がつくことができます。

このように極端な考え方については、ラベルを細かくしたり、具体的にしたりすることで、より現実的な目標に気がつくことができます。このようにグラフにして、極端な考え方を変容する方法は、他にも、責任を強く感

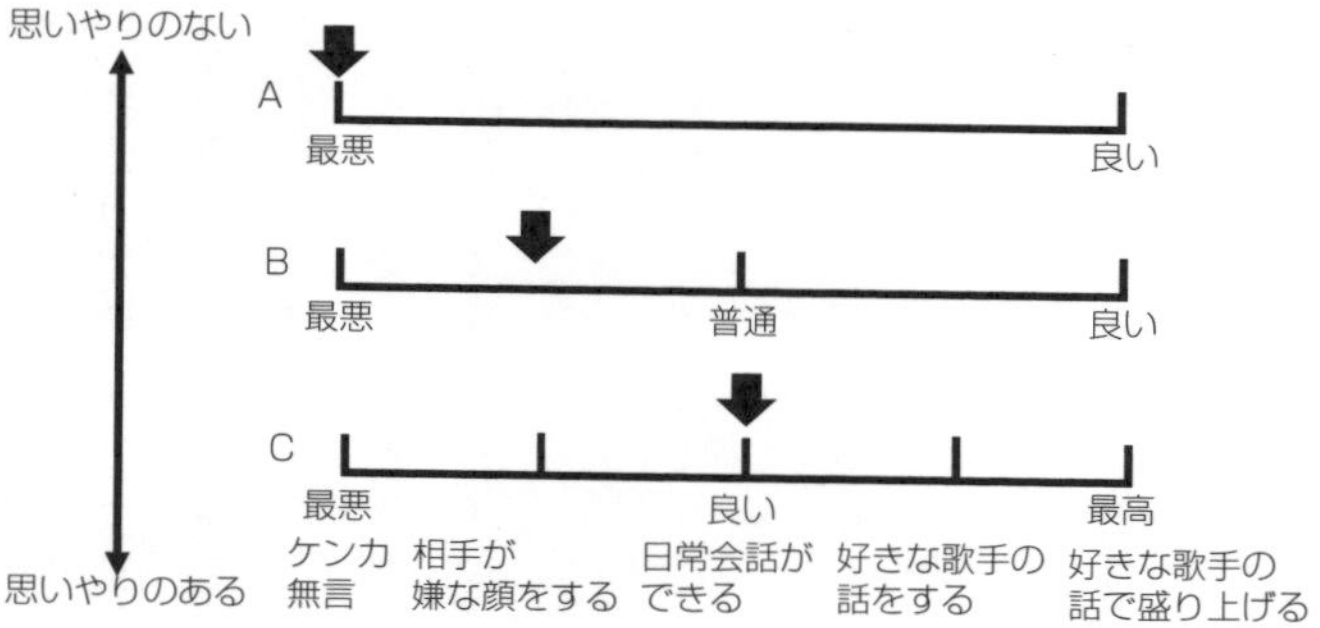

図17　思いやりのあるつぶやきを導く

じる子どもの場合は円グラフを使って支援することもできます（石川、2018）。

バランスのよい考え方を目指す

さらに、話し合うことができるなら、「確かに…であるけれども」という文を使って、さらにバランスのよい考え方について話し合うこともできます（シラルディ著 高山監訳、2019）。アキナさんの場合であれば、「確かに好きな歌手の話はできなかったけれども、日常会話ができたのでよかった」「本当は好きな歌手の話で盛り上がりたかったけど、今回は初めてだったので、相手が笑顔で話していてよかった」といった心のつぶやきは、自分の現実的な状況を踏まえているという点で、「思いやりのある心のつぶやき」であるといえます。このように、自分の考え方のクセを支持する証拠と、それを必ずしも支持しない反証をバランスよく、いわば天秤にのせていくことになります。

21

さまざまな考え方を試す

子どもは体験から学ぶ存在です。そして、新たな体験は、子どもに新しい世界の見方をもたらすことにつながります。

説得ではなく何よりもリアルな体験を大事にします。

子どもは体験から学ぶ

子どもは体験から学ぶ存在です。話し合うだけよりも、実際の体験を伴わせることで、支援の効果はより一層発揮されます。これは「考え方のクセ」へのアプローチも同様です。認知モデルの支援で、どのように実際の体験を含めることができるのか説明します。

立場を入れ替える

一つは支援者と子どもが立場を入れ替えてみる方法があります。これは、一般的に他者視点が取得できていないと使うことが難しい方法なので、子どもの発達段階を考慮する必要があります。ただ、不安の高い子どもには効果的な方法なので、適用できるケースには積極的に試してもよいと思います。

たとえば、図18のように、アキナさんが自分自身に言っていた心のつぶやきを、支援者が代わりに口に出してみます。その前に、落ち込んだ様子などを演じながら、子どもに「どうしたの?」と声をかけてもらうようにします。自分の心のつぶやきを目の当たりにすると、子どもは相手を慰めるために、非常に現実的なことを言ってくれます。たとえば、「最初は緊張するよね」とか「私は見ていたけど、そんなに変じゃなかった」といった具合です。そこで、その台詞を取り上げて今度は立場を戻して、子ども自身に声をかけてあげるようにします。

このように、立場を入れ替えることで、考え方のクセと距離をとることができるようになり、客観的で現実的な視点を無理なく取り入れることができます。そして、自分で実際に生み出した言葉を自分にもかけてあげることで、思いやりのある心のつぶやきをしたときの感情を体験することができます。

新しい行動を試してみる

さて、図15（84ページ）を見ながら、アキナさんがなぜこのように考えるのか話し合ってみました。すると、「自分は他の子どもと比べてしゃべるのが得意ではない」と答えました。本人なりの理由も大切にしながら、他に見逃していることはないか探っていきます。

そこで、「他の子も同じように考えるかな？」「他に見逃して

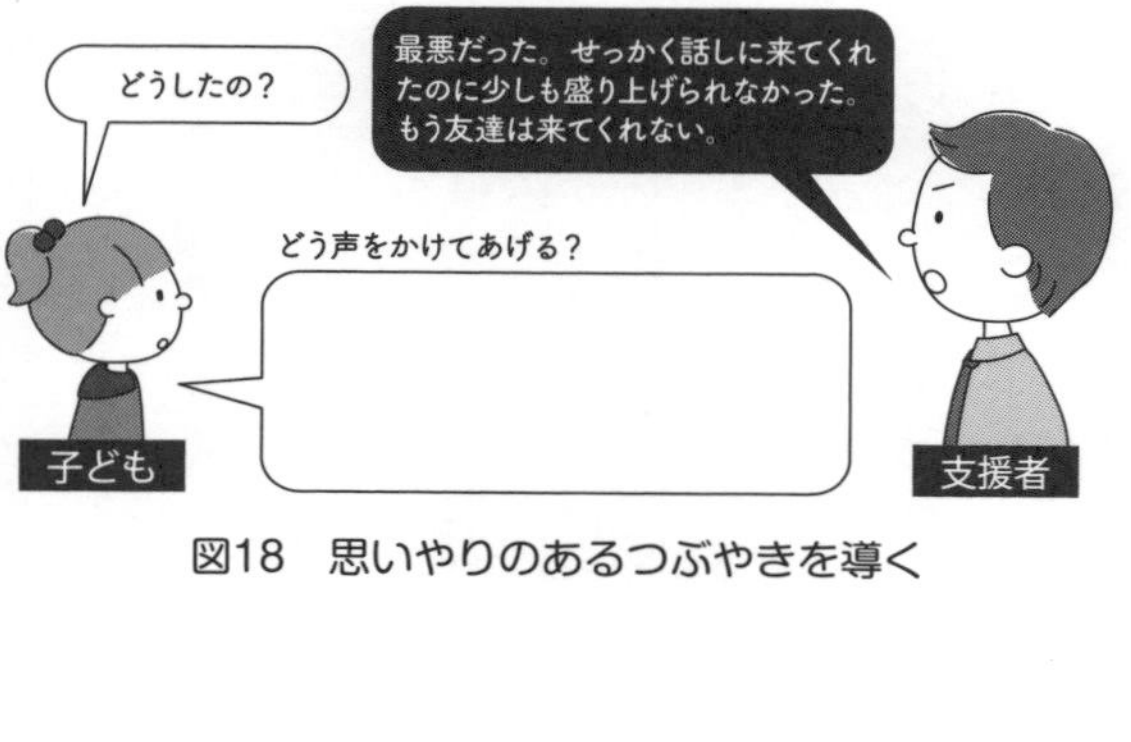
どうしたの？

最悪だった。せっかく話しに来てくれたのに少しも盛り上げられなかった。もう友達は来てくれない。

どう声をかけてあげる？

子ども
支援者

図18　思いやりのあるつぶやきを導く

いることはないかな?」と質問してみます。つまり、現実に即して他の見方を一緒に考えていくのです。アキナさんは図19のように「優しく話してくれる子は少しいる」と気がつくことができました。

だからといって、すぐにそのように考えるべきだとは言わないようにします。実際には話しかけてくれる子どももいるにもかかわらず、そう思えていないことが問題であるなら、「じゃあ、その考えについて試してみようか?」と提案します。

ここでは、いわば、「行動実験」をしてみることを提案しています。考え方のクセが現実的な解釈から離れていればいるほど、実際に教室に入ってみた体験は予測と異なるはずです。この体験が子どもたちに新たな世界の見方をもたらすきっかけとなります。そして、さらなる現実の体験の積み重ねが、子どもたちの考え方のクセを和らげていくことになるはずです。

確かに自分は他の子どもよりも多く話す方ではないけれど、自分に話しかけてくれる子どももいる
○○さんは話しかけてくれた
教室に入ったら酷い目に遭うに違いない
実際に話しかけてくれる人がいるか試してみよう!

図19　新しい考え方を試す

22

行動から不安を読み解く

行動モデルでも不安の正体を解き明かすことができます。子どもの年齢に合わせて、認知モデルと行動モデルを柔軟に使いこなしていきましょう。迷ったら…まずは行動モデルで考えてみましょう。

体験を力に変える

先ほど、子どもは体験から学ぶということを説明しました。その強みを最大限生かすことができるのが行動的技法です。「できた」という経験は、子どもを何よりも成長させるはずです。それと同じように、不安でこれまでできなかったことが、できるようになったという体験は何よりも子どもの成長の糧になります。面白いもので、子どもは一度不安なものを克服すると、まるでそれが最初から苦手ではなかったかのように振る舞うことがあります。それこそが、実際の体験による力なのです。

行動モデルで不安の正体を調べる

「17　不安の正体を調べる」では、認知モデルを使ってアキナさんの不安の正体に迫っていきましたが、実は行動モデルを使ってこの状況を詳しく調べることもできます。先ほどのアキナさんのケースを振り返ってみましょう（80〜81ページ）。

朝お友達が家に迎えにきて家の呼び鈴を鳴らします。しかし、アキナさんは布団にくるまって出てきません。そこで、お母さんが「ごめんね。先に行ってくれる？」とお友達に伝えます。そうするとお友達が登校した後で、アキナさんはノソノソと布団から出てきて、居間にやってきます。

行動モデルを使ってアキナさんの不安を考えてみましょう（図20）。まず、「呼び鈴が鳴る」を事前の出来事として捉えることができます。いわば不安のきっかけと考えられる出来事にあたります。それに対して、アキナさんは「布団にくるまる」という反応をしています。布団にくるまっているのが気持ちがよいからというよりは、お友達のところに行かないということを意味していると考えられます。このようなある出来事を避けようとする行動を回避行動と呼びます。

その結果、どうなっているでしょうか？「お母さんが代わりにお友達に説明」しています。そうなると、自分が出て行かずに済むので、高まっていた不安が一時的に下がるという経験をします。不安の低下の影響力は大きいので、やがて布団にくるまるという行動が習慣化してしまう可能性があります（カーニー・アルバーノ 著　佐藤・佐藤 監訳、2014）。この点については、次の項で詳しく説明します。

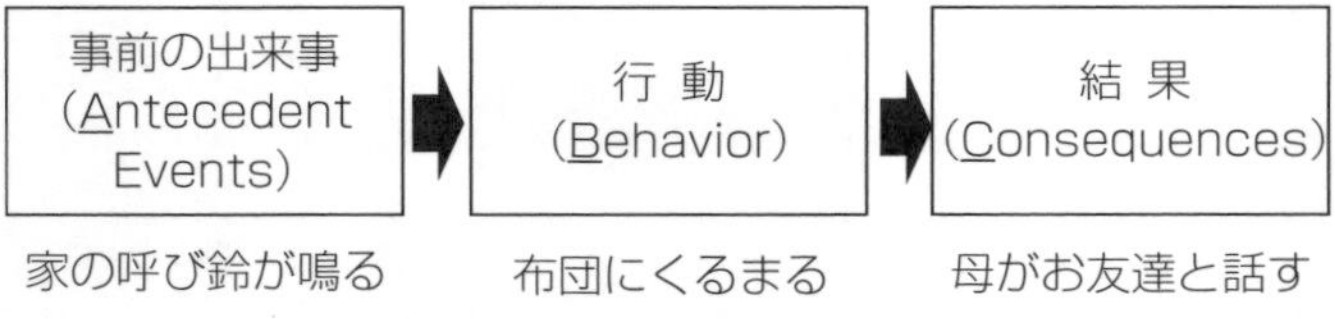

事前の出来事
(Antecedent Events)
行 動
(Behavior)
結 果
(Consequences)
家の呼び鈴が鳴る
布団にくるまる
母がお友達と話す

図20　行動モデルのABC

行動モデルと認知モデルを活用する

「9　子ども一人一人に合わせて柔軟に支援を行う」でも触れたように、子どもとその周囲の相互作用から問題を捉える行動モデルと、子ども自身の中で起きている相互作用に注目する認知モデルの両方を活用できることが認知行動療法の柔軟性や対応できる問題の範囲の広さという特徴を可能にしています。

図14と図20を見比べてもらうと、どちらも頭文字がＡＢＣであることがわかります。特に大きく違うのは真ん中のＢにあたる部分です。考え方や認知（信念）（Belief）を中心とするか、行動（Behavior）を中心とするかというのは、先ほども説明した通り、年齢や問題などによって目安を考えながら、子ども一人一人に最適と思われるものを活用するとよいでしょう。

迷ったらどうするか？　個人的な意見ですが、行動モデルを先に考えてみることをお勧めします。理由は他にもありますが、最初に述べた通り、子どもには実際の行動を中心に据えることが望まれるからです。

23

回避行動は悪循環をもたらす

回避行動がもたらす悪循環を理解することは、不安の正体を見極める上で重要なポイントです。表面的な振る舞いに惑わされないようにして、回避行動がもたらす機能に注目するようにしましょう。

回避行動とは？

先ほども説明しましたが、不安刺激を避ける行動を回避行動と呼びます。厳密には、不安刺激を未然に避ける行動を回避と呼び、不安刺激にさらされた後で、それが続かないように途中で行動をとることを逃避と呼びます。どちらも不安を避ける目的は共通しています。

回避行動には、さまざまなものが見られます。たとえば、注目が集まりそうな場面で、その場から立ち去るといった行動はわかりやすいかもしれません。しかし、回避行動は、自ら行動を起こすことで不安な場面を避ける行動だけでなく、その場にはいるものの、指名されないように声を潜めて目立たないようにするといった、あえて行動を起こさないようにする形態のものも含まれます。

回避行動の機能に注目する

回避行動を見極めるためには、行動の種類や形態ではなく、役割に注目することが大切です。このような役割のことを行動の機能と呼びます。図21をご覧ください。別の日のアキナさんの朝の様子を行動モデルで説明したものが図の罫線から上になります。

ある日は、家の呼び鈴が鳴ると、居間から自分の部屋に駆け込んでいったとします。これは、わかりやすい能動的な回避行動です。また、ある日には、トイレに入っているときに呼び鈴が鳴ったので、そこから気配を殺してじっとして母親の呼びかけにも応じませんでした。これは、どちらかといえば受動的な回避行動といえるでしょう。さらに、あるときには、「調子が悪い」と言うかもしれません。これは、玄関に出ていかなくて済むという目的を達成するための機能をもっている可能性もあります。

悪循環を理解する

さて、今度は図の罫線から下を見てください。事前の出来事、すなわち、きっかけが変化しています。体調が優れないと言うことが増えているので、母親

事前の出来事 (Antecedent Events)	→	行動 (Behavior)	→	結果 (Consequences)
家の呼び鈴が鳴る		自分の部屋に行く トイレにこもる 「調子が悪い」と言う		母がお友達と話す (一時的な) 不安の低減
「学校どうするの？」 と母が尋ねる		「頭が痛い」と言う		母がお友達と話す (一時的な) 不安の低減
「今日は体調どう？」 と母が尋ねる		「お腹が痛い」と言う		

図21　行動モデルの ABC に基づく理解

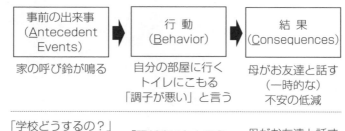

が先回りして、学校に行くか行かないか、体調がどうか聞くようになっています。その結果、「頭が痛い」「お腹が痛い」といった図の罫線から上と同じ機能をもつ行動が報告されるようになっています。つまり、回避行動が出現するきっかけが増えていることがわかります。

ただし、このような応対は母親としては自然なことなので、支援者は決して責めることのないようにしましょう。子どもを思う親の気持ちは誰からも否定されるべきものではありません。重要なことは、表面的な良い悪いといった評価にこだわるのではなく、行動の機能に注目して、行動モデルで現状を客観的に理解しようと努めることです。このようなアセスメントのプロセスは、名探偵の推理にたとえられることがあります。当てずっぽうではなく、証拠に基づき、客観的に事実を整理していくからです。

また、古今東西の名探偵は、「罪を憎んで、人を憎まず」という姿勢を示していますが、行動モデルに基づく支援では、「行動の機能を分析して、人は憎まず」の姿勢が大切です。

不安刺激を避けようとしている回避行動に注目することが重要

24

回避行動には罠がある

回避行動の悪循環を理解すると、自然と「じゃあ避けなければいいじゃないか！」と言いたくなります。しかし、不安に挑戦することは、一筋縄ではいきません。「回避行動の罠」について理解していきましょう。

回避行動の罠

回避行動によって、長期的な悪循環が生じてしまうにもかかわらず、人は回避行動をとってしまいがちです。その理由について説明するために、不安に挑戦した場合と、回避した場合を比べてその違いについて紹介します。

今度は教室に入ろうとしているアキナさんの様子を例にとって考えましょう。図22は行動モデルに基づく回避行動の様子と不安の変化について表したものです。教室に入ることに不安を感じているアキナさんは、教室に近づけば近づくほど、不安が高くなっていきます。そして、教室の入り口が見えると不安がピークに達して、回避行動をとります。この際には、図22のように相談室に逃げ帰る場合もあれば、その場で固まってしまうこと

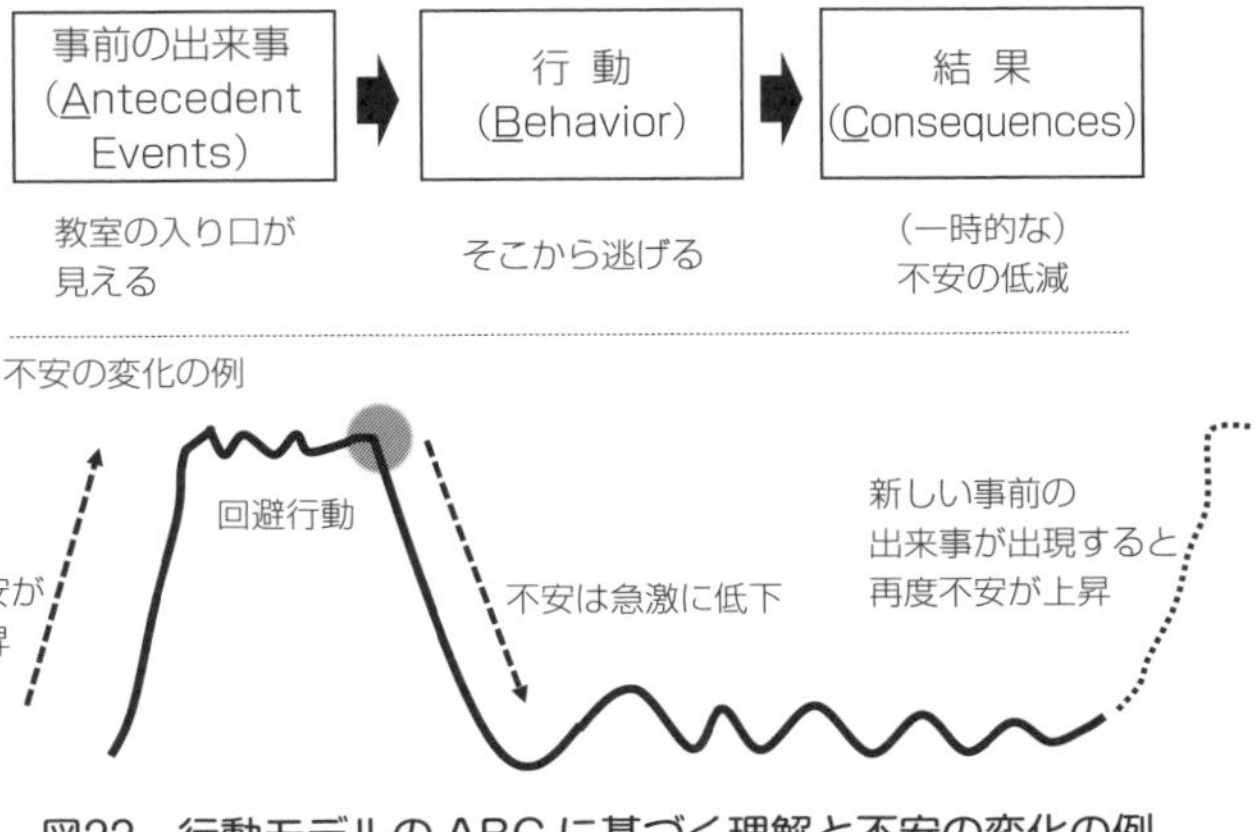

事前の出来事
(Antecedent Events)
行動
(Behavior)
結果
(Consequences)
教室の入り口が見える
そこから逃げる
(一時的な)不安の低減
不安の変化の例
回避行動
不安が上昇
不安は急激に低下
新しい事前の出来事が出現すると再度不安が上昇

図22　行動モデルのABCに基づく理解と不安の変化の例

で、一緒にいた先生から「相談室に戻る?」と言われるケースもあるでしょう。

　さて、図22の回避行動をとったときの不安の変化に注目してください。回避行動をとった直後に、不安が急激に低下しているのがわかります。不安を引き起こすきっかけから、逃げることができたので、一時的に「ホッ」とするわけです。この急激な(しかし一時的な)不安の低減というものは、私たちにとってとても大きな効果をもたらします。すなわち、教室への不安が強ければ強いほど、回避行動による「ホッ」とする役割が大きな効果をもたらしてしまうことになります。次の日、アキナさんが教室に入ろうとしたらどうなるでしょうか? 図22の右側を見てください。また同じように不安を引き起こす刺激に近づくと、急激に不安を感じて、おそらく教室を避ける行動が続いてしまうでしょう。もしかしたら、昨日よりももっと早くから逃げてしまうかもしれませんし、そもそも相談室から出てこられないかもしれません。さらに、回避行動を引き起こす事前の出来事となるきっかけも、教室の入り口を見るだけでなく、同級生の姿を見かける、担任の先生の声が聞こえるなどに広がるかもしれません。回避行動の厄介な点は、このように不安が強くなればなるほど、回避行動も強固になってしまうということです。

挑戦することでの変化

今度は図23をご覧ください。回避行動をとらずにいると、しばらくは不安が高いままで維持されていますが、それでもその場にとどまっていると、徐々に時間をかけて下がっていくことがわかります。ここで注意すべき点は、不安が下がっていく時間です。回避行動をとらずに挑戦した場合、不安が下がるスピードは遅くなっています。逆に、回避行動をとったときの方がはるかに早く下がっていきます。そのように考えると、不安が強ければ強いほど回避行動をとりたくなってしまうのが自然なのです。そして、不安が下がるまで時間がかかるということは、不安に挑戦することは決して簡単なことではないということです。

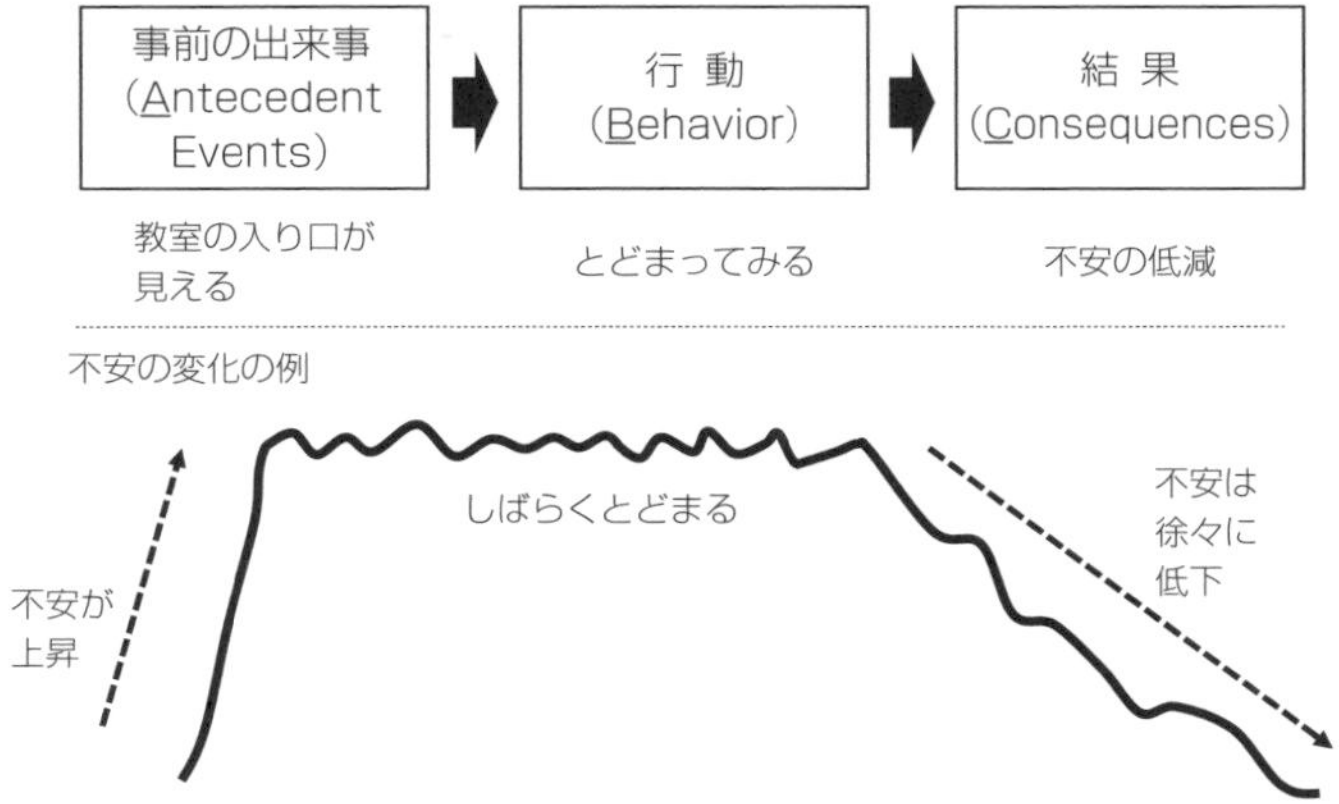
事前の出来事
(Antecedent Events)
行動
(Behavior)
結果
(Consequences)
教室の入り口が見える
とどまってみる
不安の低減
不安の変化の例
不安が上昇
しばらくとどまる
不安は徐々に低下

図23　挑戦する行動を選んだ場合の
行動モデルのABCに基づく理解と不安の変化の例

25

不安に挑む前には準備が必要になる

不安への挑戦は、「言うは易く行うは難し」であることを十分に理解しましょう。なので、挑戦する前の準備が非常に大切になります。そうでないと、子どもや周囲に根拠なく無理強いしていると勘違いされてしまうかもしれません。

不安の克服を目指す

「24　回避行動には罠がある」で説明した通り、不安が強ければ強いほど、悪循環に陥ってしまうので、「不安に挑戦する」という行為は、「言うは易く行うは難し」であることが多いと思います。そのため、無計画かつ、場当たり的に実行することは避けたいところです。不安への挑戦は、入念に準備を整えて戦略的に行うことが求められます。

不安を克服する二つの方法

不安を克服する道筋には、大きく分けて二つの方向性があります。一つは不安を強く感じるものであっても、繰り返し、かつ長時間にわたって不安を引き起こす刺激に向き合うことによって不安を克服する方法です。このような方法は理論的には高い効果をもたらすことが期待できますが、子どもの動機づけによっては、導入が難しい場合もあります。また、理論的な背景を知らないまま学校で実施すると、何やらスパルタ的なものと勘違いされてしまう恐れがあります。

もう一つの方法は、階段やはしごを一段一段上っていくように、比較的不安の低い場面から、最も苦手な場面に向けて徐々に練習していく方法です。「7　あたたかく成功をともに喜ぶ」で説明した通り、相談に来る子どもの経緯やモチベーションを考えると、この段階的な方法を使う機会の方が多いかと思いますので、こちらについて説明していきます。両技法の違いについては、他の文献なども参考にしてください（石川、2013）。

なぜ不安に挑戦するとよいのか説明する

不安に挑戦する前の準備の一つが「なぜ不安に挑戦するとよいのか」を子どもや親、あるいは周囲の大人に説明するということです。似たようなことを断片的に試したことがある方は多いと思いますが、チャレンジの前になぜそれが効果的であるかを十分理解できていることは少ないものです。

この説明では、実体験を用いながら不安の変化について一緒に考えていくとよいでしょう。たとえば、子どもの実態に応じて、補助輪なしで自転車に乗れるようになったとき、浮

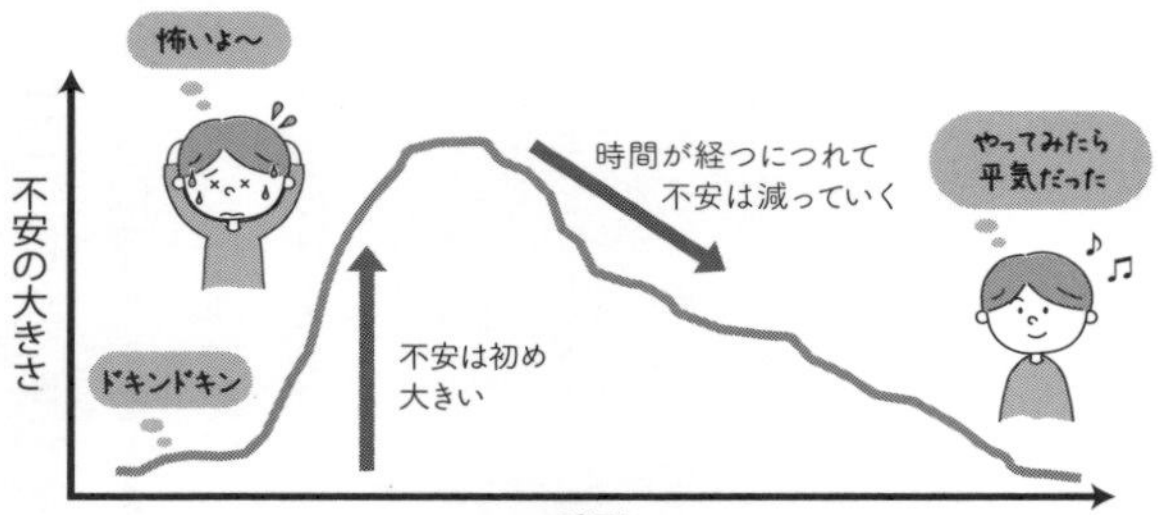

図24　不安に挑戦することを説明する図の例1

き輪なしで泳げるようになったときのことを思い出すように伝えます。大人の場合は、運転免許の例もよく使われます。初めて路上に出たとき、あるいは免許を取得して初めて運転するときを取り上げます。このような例を通じて、安全であるということがわかれば、不安や心配というのは時間をかけて元に戻っていくことを理解できるはずです（図24）。

さらに、何回もチャレンジしていくうちに、不安の大きさは小さくなり、不安が減る時間も短くなるということも納得できるはずです（図25）。

このように、闇雲に挑戦させるのではなく、計画的に実施することと、なぜ不安な場面にとどまると効果的なのかを伝えてから、チャレンジについて話し合うようにします。この例のように、イラストを使ったり、身近な例を取り上げたりすれば、子どもにも挑戦することの大切さが理解してもらえるでしょう。

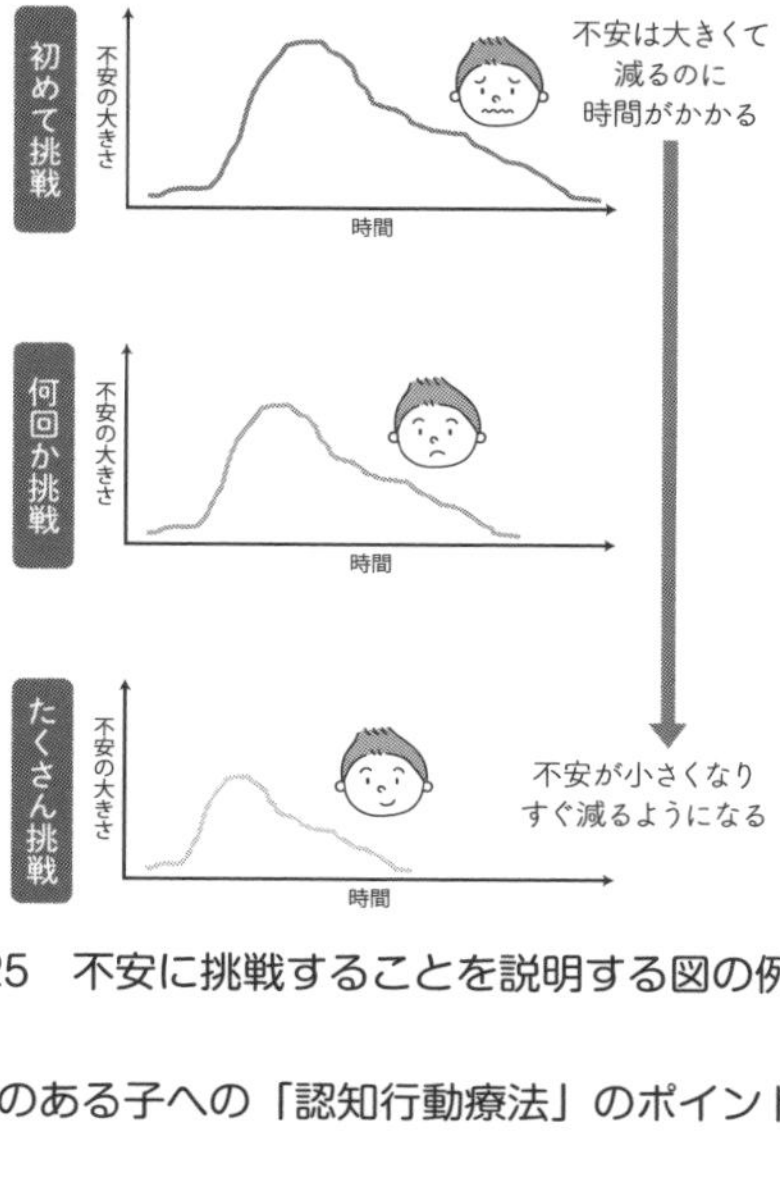

図25　不安に挑戦することを説明する図の例２

26

不安の階段を描く

不安の階段を作る際は、カードを使いながら、子どもと一緒に活動しましょう。最初から、全ての不安を扱う必要はありません。階段状にしやすいものから選んでスモールステップの考え方を一緒に学んでいきます。

不安の階段を作る

それでは、子どもと一緒に不安の階段を作る手続きについて説明しましょう。

一、階段のテーマを決める

まず、階段にしたいテーマを決めていきます。すぐに場面を選べる場合もありますが、不安が多岐にわたっており、テーマを決められないこともあります。その場合は、全ての不安について階段を作ろうとせずに、扱いやすいテーマに絞るとよいです。

「8　スタート位置とペース配分を考える」で説明した通り、子どもによって悩み事を話すことができるペースは異なります。もし主たる不安について階段を作るのが難しければ、まずはお試しとして子どもが話しやすいテーマから階段を作ってみるのもよいでしょう。アキナさんの場合は、「教室で過ごす」ことをテーマにしました。

二、不安な場面をカードに書き出す

テーマが決まったら、関連する場面を書き出していきます。その際には、短冊状にしたカードに一場面を一つ書いていくとよいと思います。

カードにはできるだけ具体的な場面を書いていきます。たとえば「できるだけ教室にいる」ではなく「3時間目に教室にいる」というような形です。子どもと一緒に、「誰と（誰に）」、「いつ（いつから）（いつまで）」、「どこで」、「どのように（何を）」といったことを話し合うと、いろいろな場面が出てきます。

三、**最も不安な場面を決める**

次に、手元にある場面の中から、最も不安な場面を決めます。「12　気持ちには大きさがある」で学んだことを生かして、不安の大きさに得点をつけます。百点満点で評価する場合は、百点が最も不安が高い状態であることを子どもと確認しましょう。たとえば、アキナさんは、「英語の授業で廊下側の一番後ろの席に座る」を最も不安の感じる場面としました。

四、**不安を感じない場面を決める**

次に行うことは不安がゼロである場面を決めることです。厳密には不安がゼロという場面は存在しないのですが、「教室で過ごす」というテーマについていえば、全く不安を感じない場面を選ぶことができます。この際には手元にあるカードに不安を感じない場面があるとは限らないので、その場合は新しく場面を考えるとよいでしょう。アキナさんの場合は、「休日に家でマンガを読む」を新たに書き加えました。

五、残りの場面を決める

最後に、残っているカードの順番を決めていきます。不安が最も高い場面と低い場面が決まっているので、それを目安にカードを比べたり、入れ替えながら順番を決めていきます（図26）。先に真ん中付近のカード（50点前後）を決めてから、その上下を決めていくやり方も子どもがわかりやすいならお勧めです。カードの配置が決まったら、それぞれの不安の得点を決めます。

不安の階段は見直してよい

不安の階段は一度完成したら、動かしてはいけないということはありません。実際に挑戦していくうちに、不安の得点が変わったり、順番が変わったりすることはあり得ます。また、実際に挑戦する直前になったら、不安が想定よりも高くなることもよくあります。

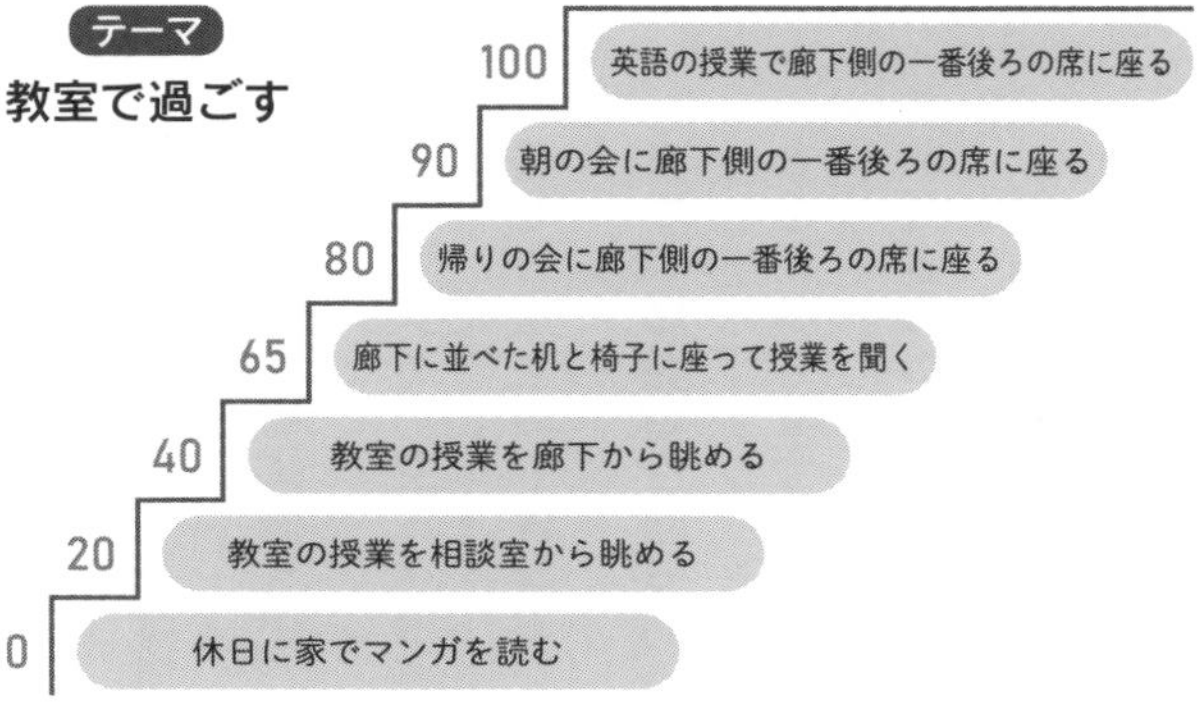

テーマ
教室で過ごす
100
英語の授業で廊下側の一番後ろの席に座る
90
朝の会に廊下側の一番後ろの席に座る
80
帰りの会に廊下側の一番後ろの席に座る
65
廊下に並べた机と椅子に座って授業を聞く
40
教室の授業を廊下から眺める
20
教室の授業を相談室から眺める
0
休日に家でマンガを読む

図26　不安の階段の例

27

ゆっくりと確実に階段を上る

最初のチャレンジは確実に成功できる場面を選びます。大人から見て大きな成功を目指すのではなく、今までの悪循環を断ち切ることを目指します。そして、繰り返しの練習が定着化には最も大切です。

最初の挑戦の際に大切なこと

不安の階段が完成したら、そこから最初に挑戦する場面を選んでいきます。段階的なチャレンジの方法を用いる場合のポイントを説明します（石川、2013）。

まず、確実に実施できる場面を扱うということです。チャレンジという言葉を聞くと難しい場面に挑むということを思いつきがちですが、段階的な方法では確実にできるのに避けてしまっている場面を扱うことになります。あくまで目安ですが、たとえば不安の大きさは20前後のものを選ぶとよいでしょう。

次に、十分に不安が低減するまで継続するようにします。場面によっては、不安が低減するのに時間がかかる場合もあります。たとえば、高所にチャレンジする場合などは、実際にその場所にしばらくとどまる時間が必要になります。なので、不安にチャレンジする際は、支援者も家族も十分な時間的余裕をもっておく必要があります。

そして、不安の低減を子どもが体験し、それを皆で確認することも大切です。不安が徐々に下がってくる変化を確認するために、時々子どもに不安の得点の大きさを聞いてみたり、「12　気持ちには大きさがある」で紹介したツールなどを使ったりして、不安の大きさを報告してもらうこともできます。その後で、不安の変化をグラフに表すことによって、想定した通りに不安が下がっているか、支援者を含めた皆で共有することができます。たとえば、図26のアキナさんの例であれば、不安の得点が20の「教室の授業を相談室から眺める」という課題を選ぶことができます。この課題であれば、失敗の可能性は低く、十分に時間をとってあげることができそうです。また、支援者がそばにいることができれば、不安の変化についても記録することができます。

実際に、図23や図24のような変化を確認することができたら、アキナさんは確かに少しずつ不安が軽減していくのだということを実感できるはずです。この実際の体験こそが、不安を和らげるのに大きな力を発揮します。あとは記録された不安の大きさの変化を振り返ることで、次のチャレンジにつなげていくことができます。

順調なときこそ慎重に

さて、最初のチャレンジに成功すると、ついつい、周りの大人は次のステップにと子どもを促してしまいたくなります。しかし、その点については注意が必要です。たとえば、漢字の練習をする際に、一回だけ書いて次の課題に向かうように指示をするでしょうか？あるいは、マット運動でなかなかできなかったことが一回できたら、じゃあそれはもうしなくてもよいとなるでしょうか？

図25を見返してみてください。同じ場面で繰り返し挑戦することで、不安のピークが低くなっていくとともに、不安が早く減っていくことがわかります。つまり、ある場面を完全に克服できるようになるまでは、繰り返し同じ場面での挑戦を続けることが重要になります。学校で教える他のことと同じように、繰り返し練習することで、特段の意識なしでもできるようになることを目指します。

もう一つ大切なことが、子どもをあたたかく支援するということです。「7　あたたかく成功をともに喜ぶ」で説明した通り、子どもの頑張りを認めて、ほめてあげることが子どもの認知行動療法では非常に重要視されます。特に、挑戦の対象になるような場面は、自分が苦手だったり、不安を感じたりする場面になります。このような場面への挑戦は十分に称賛に値することだと考えてあげてください。

最初は確実に成功する場面で繰り返し挑戦することが大切

28

さらにいろいろな挑戦をしていく

不安に挑戦する方法にはいろいろなバリエーションがあります。たとえば、現実で難しい場面はイメージを使ったり、幼い子どもには望ましい行動を伸ばしていく方法を活用したり、チャレンジの前後での考え方に焦点を当てたりすることができます。

イメージか現実か

不安に挑戦していく方法には、イメージを使った方法と現実を使った方法があります。ただし、イメージ想起能力には個人差があります。また、実際に子どもがどのようにイメージしているか確実に確認する方法はないので、どちらかといえば現実でのチャレンジを使いたいところです。その一方で、イメージが使いやすい場面もあります。たとえば、教室の様子を事前にイメージしたり、友達に何か言われる場面を想定したり、といった場面で使用することができます。飛行機に乗るなどの実際には体験しづらい場面でも使うことができます。一般的にイメージの方が現実よりも不安の得点は低いので、現実でチャレンジする前のチャレンジとして、イメージを活用することもできます。

幼い子どもに実施するとき

小学校低学年に実施する際には、「25　不安に挑む前には準備が必要になる」については、部分的に理解することができたとしても、「24　回避行動には罠がある」で紹介したような説明は難しいかもしれません。もっと幼い子どもや年長でも知的能力によっては、こういった説明を導入すること自体が困難ということもあるでしょう。

その場合、まずは周囲の大人には、「なぜ不安に挑戦するとよいのか」をきちんと理解してもらうようにします。「4　子どもの『強み』と周囲の『強み』を生かす」で説明した通り、認知行動療法では子どもを支援するチームとして動くことを目指します。子どもの理解が進まない場合は、その周囲がサポートできるように十分に手続きを理解しておく必要があります。その上で、幼い子どもを対象とする場合は、さらに「ほめる・認める」を活用する必要があります。一般的に子どもが幼いほど、この効果が素直に発揮されることが多いので、幼い子どもの強みを生かすような支援計画を考えるとよいでしょう。

また、かわいいシールを用いて子どもの頑張りを記録して、シールをいくつ集めたらご褒美がもらえるというシステムを導入することも有効です。一昔前のラジオ体操やポイントカードのようなシステムです。ご褒美は具体的なものであっても、一緒にお出かけするといった活動でもよいのですが、子どもの頑張りにそぐわないような大きなご褒美をあげてしまうのは感心できません。子どもの頑張りに応じた現実的なご褒美にしましょう。いずれの場合でも、事前にルールを決めてそれから外れないようにしておくことが大切です。「できて当たり前」という固定観念から抜け出し、周囲の大人が、子どもの成功をともに喜び称賛することができれば、子どもの望ましい行動は増えていくことが期待されます。

いろいろなタイプのチャレンジ

不安の変化を経時的に記録しておくことを説明しましたが、それが難しい場合もあります。たとえば、ピアノの発表が不安な子どもがいたとして、演奏中に不安の経過を聞くことは難しいでしょう。また、スピーチ場面なども報告が難しい上、そもそも不安が下がってくるまでの時間、スピーチができないということもあると思います。たとえば、小学生に一人で30分以上話してもらうのは現実的ではないと思います。

その際は、課題前後の不安を報告してもらった後で、どのようなことを体験できたか、どんなことがわかったか話し合うとよいでしょう。「21　さまざまな考え方を試す」で説明した方法と組み合わせることができます。たとえば、「自分のスピーチなど誰も聞いていない」と考えている場合には、その考え方について話し合っておきます。誰も聞いていないとしたら、「話をしている最中に目が合う人は何人?」「頷いている人は何人?」といった予測を聞いておいて、実際の結果と照らし合わせます。予測が支持されなかった際に、現実の体験が新しい考え方の定着を促していくでしょう。

29

困難にぶつかったときにはチャレンジを支える

「チャレンジがうまくいかなかった」。そう結論づける前にできることがあります。子どもが挑戦した結果に「大失敗」はありません。時には、回り道をしながらでも、子どものチャレンジを支えていきましょう。

トラブルシューティング

認知行動療法は、子どもの不安の支援において、世界的に推奨されている方法です（Higa-McMillan et al., 2016；James et al., 2020）。しかし、そのことと目の前の子どもに、本当に効果が発揮されるかというのはまた別の話です。現在利用できるエビデンスというものは、支援者側や支援を受ける側の要因を加味してこそ意味を成すといえます（Spring & Nevile, 2011）。そこで、これまで説明した不安を感じる子どもの支援がうまくいかないなと感じたときに、どんなことに注意したらよいか紹介したいと思います。

真の意味での「大失敗」はない

前提として、子どもに認知行動療法を行う上で、本当の意味での「大失敗」というものはないと考えます。たとえば、図26の不安の階段の「教室の授業を廊下から眺める」にチャレンジしている最中に、移動教室のために廊下を歩いている生徒たちに遭遇してしまいました。結果として、相談室に走って帰ってきてしまったとします。アキナさんは相談室で「大失敗だ。逃げてきてしまった」と泣きそうに話しています。

今回は予期せずに課題が「廊下で別のクラスの生徒たちと出会う」になっているわけで

すから、今回クリアできないこともある意味当然です。それ以外に、いろいろな原因で当初の予定通りに挑戦が進まないことはあると思います。認知行動療法では、こういった経験を子どもの現在位置を探ることができたチャンスだと捉えて、子どもに伝えるようにします。なぜなら、チャレンジしなければ、その事実にも気がつくことができなかったからです。

目標設定を見直してみる

とはいえ、当初考えていたよりも課題が難しかったということはあり得ます。その際には、課題をより細かく分けて考えてみましょう。たとえば、図26のアキナさんの不安の階段の最上段を改めて見てください。「教室で過ごす」というテーマを考えると、満点の「英語の授業で廊下側の一番後ろの席に座る」は、途中経過であるように思えるかもしれません。どうしてそうなっているのかというと、不安の階段を作成する際には、全ての不安が克服できるような長期的目標を必ずしも設定しなくてよいからです。

もし階段の一番上が、親や教師の望むことが優先されてしまい、子どもが現実的に達成できるものになっていないなら、まずは達成可能な短期的目標に定める方がよいでしょう。

大人の思い込みだけで不安の階段を作ったり、挑戦する場面を選んだりしてしまうと、うまくいかないことも少なくありません（石川，2018）。スモールステップの考え方がうまくいかないときには、階段の一段一段がきつすぎるか、階段をかける位置が間違っていることがあります。支援チームの原則を忘れずに皆が納得できるような課題を設定できるようにしていきましょう。

真っ直ぐな道はない

「8　スタート位置とペース配分を考える」で登山の例を使いましたが、子どもの変化も同じように捉えることができます。険しい登山ではいつでも真っ直ぐに山頂にたどり着けるわけではありません。繰り返し戻ったりしながら、時には完全に下山することもあるわけですが、そういった経験値が次のチャンスに生かされることになります。不安に挑む際も同様です。真っ直ぐに成功に伸びていく道筋は、そもそもないと考えておくとよいと思います。

挑戦することでの「大失敗」はない！　逆に回り道のない「成功」もない！

学級集団で行う「認知行動療法」のポイント

30

認知行動療法を学級集団の支援に活用する

認知行動療法は学級集団の支援に活用することもできます。実は、学級集団での支援は、日本で最も認知行動療法が普及している領域でもあります。

個別支援と集団指導

さて、ここからは集団指導の中で、どのように認知行動療法のアイディアが生かせるかということについて説明していきます。「2　認知行動療法は子どもの成長を支える」で紹介しましたが、認知行動療法には非常に多くのマニュアルが出版されていますが、この中には、集団を対象としているものも見受けられます。こういったマニュアルを参考にする場合、ある程度の手続きが決められているという利点を生かすことで、特定の集団にも適用することが可能になります。

日本における学校での認知行動療法

「2　認知行動療法は子どもの成長を支える」では、日本での行動療法の始まりが子どもに対する支援であったことを紹介しました。そこから、どのような発展を遂げたのか少し紹介したいと思います。1970年代から1990年代にかけて、教育場面においては子どもの社会的スキル訓練に関する研究が数多く発表されました。この間においては、教育関連で発表された認知行動療法のテーマの9割以上が社会的スキル訓練に関するものでした（高沢他、1996）。社会的スキル訓練は、ソーシャルスキルトレーニングとカタカナで呼ばれることや、英語の頭文字を取ってSST（Social Skills Training）といわれることもあります。

2000年代に入ると、社会的スキルの学習は、特定の児童生徒にのみ必要というより、学級全体で取り組むべき課題であるという考え方が少しずつ広がってきました。それには、さまざまな影響があるかと思いますが、たとえば異年齢遊びの減少や核家族化など子どもを取り巻く環境の変化が関わっている可能性が指摘されています（小林、2002）。

子どもに必要とされる社会性は時代によって異なるので、教えるべきことも刻一刻と変化していくことになります。さらに、現在ではスマホによるコミュニケーションや、SNSを通じたつながりなど、そのあり方は加速度的に変化しています。また、新型コロナウイルスやその予防策の影響は、私たちのコミュニケーションのあり方を根本から揺さぶっているかもしれません。

「10　子どもが身につけられるスキルを教える」の中で、子どもの学びについて、未学習の問題と誤学習の問題から捉えることが認知行動療法の特徴であると説明しました。すなわち、新たな時代を生きるための術を自然に学ぶことができないとするならば、子どもたちに広く体系的に伝えていく必要があるといえます。

学校における集団ＳＳＴ

このような考え方にしたがって、学級の授業の中で、子どもたちに必要とされる社会的スキルを教えるという集団ＳＳＴの研究が発表されるようになりました（後藤他、2000；金山他、2000）。2000年から2014年までの子どもの認知行動療法における研究動向を展望した論文によると、最も多く研究発表がなされている技法はＳＳＴであり、年間10本程度の発表がなされていました（石川他、2016）。また、これまで行われた学校での集団ＳＳＴの成果を統計的に統合して検討してみると、授業前後で子どもの社会性が高まることが証明されることもわかっています（高橋・小関、2011）。

このような成果を受け、今ではソーシャルスキル教育として学校現場でもＳＳＴの存在は広く知られるようになりました。ただ、ＳＳＴが認知行動療法の代表的な技法であることはあまり有名ではないかもしれません。「1　認知行動療法は、エビデンスに基づく心理療法である」でも説明した通り、認知行動療法にはいろいろな技法が含まれるのですが、ＳＳＴはその中でも日本の学校現場で先んじて広まりを見せた技法であるといえるでしょう。

31

階層的な支援の考え方を取り入れる

予防的な対応においては、全ての児童生徒を対象とするユニバーサルな支援と、何らかのリスクや心配がある子どもを対象にするターゲットタイプの介入があります。この階層的な考え方は、児童生徒の支援を整理していく上での基本になります。

予防プログラムの考え方

「予防」という用語は、何らかの問題が起きないように「予め防ぐこと」を示しています。風邪の予防にはうがい・手洗いが効果的ですが、風邪の治療には薬を飲むことが必要かもしれません。また、予防でも治療でも規則正しい生活や、十分な休息は効果的です。

そう考えると、心理学を活用したプログラムは後者にあたるものが多いと思います。つまり、心の健康を整えるための技法は、予防と支援の両方に活用できると考えます。

また、認知行動療法の技法で、「何を予防するのか？」もよく議論になります。予防の中では、最初の問題が起こらないようにするタイプの初発予防が最もわかりやすいですが、実際には研究としてこの点を一人の教員が証明することは容易ではありません。たとえば、不登校の予防を考えてみると、昨年度は、三十人学級に三名の不登校の生徒がいたとして、予防プログラムを導入した本年度は二十九名中二名になっていたとします。しかし、この結果が統計的に意味のある変化と証明するためには、かなりの学級数が必要となります。

そのため、心理学を活用したプログラムでは、「リスク低減予防」を目指しています。当該の事象が起こるリスク要因の方を変えていこうと考えるわけです。たとえば、不登校であれば、不安や無気力といった要因や学校での心理学的ストレス反応などを変容していくことを目指します。

予防の階層性

古くから、予防のアプローチには階層性があることが知られています。本来はもう少し細かく分けられていますが（Mrazek & Haggerty, 1994：文部科学省、2023）、図27はその考え方をわかりやすく三段階で示したものです。

この三角形は、面積の大きさが支援を受けられる人数を表しており、高さが問題の重篤さや支援の個別性を表しています。たとえば、一番上に位置している問題を実際に抱えている子どもたちへの支援は、個別になることが多く、治療的な支援が含まれる場合があります。つまり、教育相談の必要な子どもに対して一対一の相談

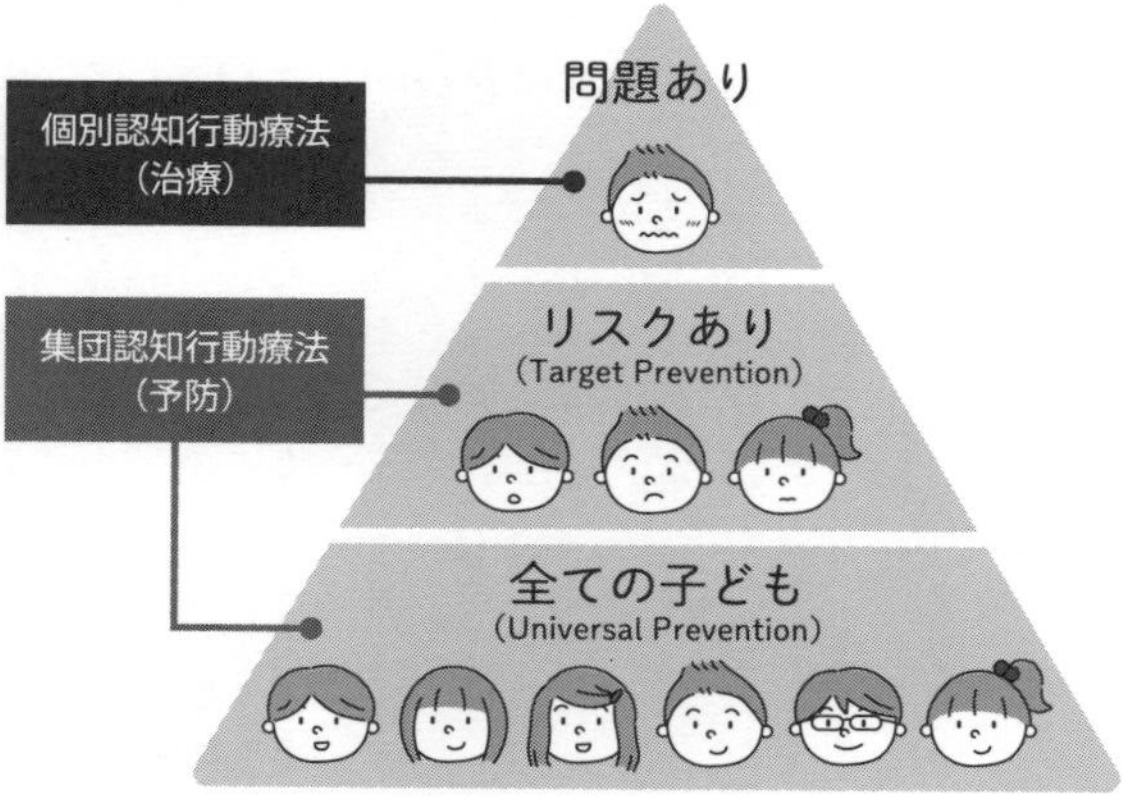

図27　予防の階層性
Mrazek & Haggerty（1994）を参考に作成

を行ったり、発達に課題を抱える子どもであれば、個別の支援計画に基づいて個別の対応をしたりします。必要に応じて、スクールカウンセラーなどが対応することもありますし、専門機関に紹介することもあります。

一方で、真ん中の子どもたちは、何らかのリスクを抱えている子どもたちであると考えることができます。たとえば、明確な理由は言わないけれども、休み時間の度に相談室にくる子どもたちや、頻繁に保健室にやってくることが多い子どもたちなどは、ここに当てはまるかもしれません。すなわち、心理的な問題を抱えていなくても、家庭の様子などからそのリスクがあると判断できる場合や、専門家にかかるほどであろうか？と迷うような症状を示している子どもたちに対しては、小集団での予防的支援が適用できることになります。そして、このようなタイプの支援をターゲットタイプの予防と呼びます。

さらに、一番下の階層はユニバーサル予防と呼ばれる全ての児童生徒が対象となる取り組みです。学級で行われる認知行動療法は、このユニバーサル予防の考え方に基づいて実施されます。この特徴については、次の項で詳しく説明します。

32 学校でユニバーサル予防を行う

学校でのユニバーサル予防介入は、学校がもっている強み、教師の専門性を生かすことができるだけでなく、共生社会を実現する上でも理想的な方法です。

学級・学校の強みを生かす

義務教育を担当する学校は、全ての児童生徒に関わることができるという特徴をもっています。つまり、ユニバーサル予防が可能な場であるということが学校の最も大きな強みです。たとえば、大学では学生全体にアクセスすることも困難な上、そこに在籍していない学生には対応することができません。小中学校は、何らかの形で子どもに手を差し伸べられるという点でとても希有な場であるといえます。

教師が関わることができる

次に、学校でユニバーサル予防を実施するということは、教師の専門性を生かすことができるという利点があります。集団に教授するという目的においては、学校で教師が実施する以上の環境はないでしょう。さらに、ある教師がユニバーサル介入の授業を学ぶことができたら、次年度以降に担当する児童生徒にも活用することができます。小学校や中学校のように、多くの子どもに長時間関わることができる学校の教師が実施することの利益は非常に大きいといえます。

子どもが教室で学ぶことができる

さらに、子どもを取り出すことなく実施できるので、リスクをもっている子どもや、ある症状を有している子どももある意味、自然な形で学習することができるという利点があります。たとえば、習熟度別や通級指導教室等、子どもが普段の学級から分かれて学ぶ機会はここ数年で増えてきたと思います。ターゲットタイプの予防プログラムも効果的ではありますが、それだけではうまくいかないこともあります。「41　授業で学び、学校生活で身につける」でも説明しますが、取り出し型の支援は、ユニバーサルタイプの予防プログラムと組み合わせることで、さらに力を発揮すると考えられます。

それ以上に大事なのが、その時点ではリスク要因や症状をもっていなくても、後にその危険性が高まる子どもを見逃さずに済むという点です。特に心理的な問題の多くは、幼い頃に顕在化しなくても、成人となってから問題が表に出てくることがあります。しかし、その多くの人たちは、小さい頃からそういった傾向があったと振り返ることが多いです。取り出し型の支援は有用ですが、見逃しという問題については注意する必要があります。

仲間と一緒に学ぶことができる

最後に、周囲の子どもも一緒に学ぶことができるのも大きな利点です。たとえ、自身が心理的な問題を抱えることがなくても、その周囲、たとえば家族、仲間、同僚にそういった問題を抱える人が出てくる可能性があります。そのため、共通の話題として、ユニバーサル予防プログラムで扱われる内容を知っておくことは大きな意味があります。

さらに、心理的な問題などの話題について学級で自然に触れることによって、偏見や誤解を防ぐことにもつながるかもしれません。心の問題について、偏見や差別がある社会では当事者は「助けて」と言えないばかりか、周りも手を差し伸べるのを控えてしまうかもしれません。真の意味での共生社会を実現するためには、心の教育を学校で導入することが求められていると思います。

共生社会の実現のために今こそ学校にユニバーサル介入の導入を

33

学級に認知行動療法を導入する

学級で授業として取り組む際には、指導案と教材の準備が必要不可欠です。その前に、学級の実態についてもアセスメントしておくとよいでしょう。事前のアセスメントを行えば、事後に効果を調べる際にも活用することができます。

アセスメントを実施する

学級で認知行動療法を実施する前には、いくつかの準備が必要になります。まずは、プログラムの評価方法を予め決めておくとよいでしょう。その際は、できるだけ具体的な方法がよいと思います。学級で実施する際には、質問紙法を用いた調査を行うことが多いですが、具体的な方法については、他の文献を参考にしてください（石川、2011；佐藤他、2013）。子ども自身に尋ねる方法以外にも教師が回答したり、実際の行動を観察したりする方法もあります。

事前に調査を行うことは、学級の実態を把握する上でも有用です。たとえば、学級として取り組むべき社会的スキルは何であるのか？　学級全体の不安の高さはどれくらいか？　あるいは、学級の中で抑うつの高い子どもはいるのか？といった点を調べておくことによって、どのような技法を使うべきなのか、根拠をもって選択することができます。

指導案と教材を準備する

事前の調査が終了したら、次に指導案と教材を準備します。指導案が準備されていない場合は、技法の手続きを示したマニュアルをベースに、学校種に応じた指導案を書き上げていく必要があります。指導案が準備されているプログラムでも、細かく見ていくと、自身の学級で実施する際には細かい部分を修正する必要があるかもしれません。プログラムに詳しい専門家と一緒に取り組める場合は、相談しながら進めていくと、プログラムで重要な点を外すことなく調整することができます。

児童生徒を対象とした教材を準備することも必要になります。「6　コミュニケーションツールを考える」で説明した通り、学年や学級に応じて、子どもたちが楽しんで取り組めるような教材を準備したいところです。教材の例については参考文献をご参照ください（石川，2013, 2018；佐藤他，2013）。

学級運営を定める

さて、準備が整ったところで、実際の授業の開始時には、子どもとプログラム内でのルールを定めてください。普段の学級運営で定めているルールを使ってもよいですが、特に心理学に基づくプログラムを実施する際には、子どもたちが安心して参加できるように配慮することが求められます。ターゲットタイプのプログラムを考えている場合は、なおさら配慮する必要があります。一例として、以下のようなルールがあります。

●「ふざけない」プログラムを楽しむのはよいけれども、関係ないことをしないように
●「笑わない」面白いときには大いに笑ってほしいけれども、人をバカにしないように
●「恥ずかしがらない」チャレンジすることがあったら、できる範囲で試してみよう

他に準備することはない？

その他にも、学級によっては補助の教員が必要な場合もあると思います。時間割も少し配慮した方がよいこともあります。たとえば、前後に移動教室等や着替えが必要な授業などがあると時間が十分にとれないことがあります。また、授業の様子を記録するかどうかについても事前に検討してみてください。もし動画を記録できたら、後から振り返りができるだけでなく、新たに取り組む際に貴重な資料となります。特に未経験の教師が実施する場合は、研修を受けただけでは難しそうに感じても、実際の授業の様子を見ると見通しが立つことが多いようです。

34

授業の中で認知行動療法を扱う

授業の中で認知行動療法を教える際には、他の教科と同じように、導入、展開、まとめというような構成になります。特に教室で行うという利点を生かすために、発問や集団での活動を盛り込むようにします。

授業のテーマを選び展開する

授業で扱う際は、これから紹介するテーマだけでなく、これまで説明してきた技法を集団用にアレンジすることもできます。たとえば、導入としては、先に扱った項目（11〜16）を使うこともあります。気持ちの表現の方法や、リラックスの方法は、子どもたちにわかりやすいだけでなく、次の授業に展開する際に必要になる場合もあります。そこで、ここでは心理教育として、「11　気持ちを表現してみる」を例にとって、授業で展開する際の留意点を説明していきます。

導入

まずは、授業開始時には、「33　学級に認知行動療法を導入する」で説明した授業のルールを確認しておきましょう。いつでも見られるように黒板や教室内に掲示しておくのもよいと思います。また、数回に分けて実施する場合は、この授業全体の目的についても、説明しておく必要があります。特に、中学校や高等学校などで実施する場合は、正解がない議論をするといった観点から、他の教科と少し異なると生徒が感じるかもしれません。その場合は、目的とルールをきちんと説明しておくことが大切です。授業全体の目的は、実施者の言葉で語るのが最もよいと思いますので、自分のこれまでの経験や子どもがピンとくるようなエピソードと絡めて語るようにします。

そして、授業全体の目的とともに、本時のめあてを説明します。たとえば「誰にでも心がありますが、心について学ぶことは少ないですね。この授業の中では、自分の気持ちについて表現する方法を学びます」と説明できます。めあても授業中は参照できるように、板書に残しておきます。

展開

気持ちを表現する授業の場合には、自分一人で考える時間と、班活動などを通じて、皆で話し合う時間の両方を設けておくとよいと思います。たとえば、図5（55ページ）にある気持ちのリストを見ながら、一人で気持ちを探した後で、班になって自分が感じたことがある気持ちやエピソードが、他の人と同じか違うかなどを話し合うことは、自己理解の際にも、感情の多様性を理解する上での有用な方法です。

特に、授業で実施する場合は、集団で取り組む課題を設定することが大切です。自分一人ではたくさんの気持ちを表す言葉を見つけられなくても、他の子どもの例を聞くことで

「そういえばそんなこともあったな」と思い出す場合もありますし、その他の授業でも課題が全部こなせない子どもであっても、ペアになることで理解が進むこともあります。

まとめ

各授業の最後にはまとめとして、めあてに応じて達成度を評価するようにします。ただし、普段の授業と異なり、クラス全体で何か答えを一つに無理にまとめる必要はありません。たとえば、気持ちを表現する授業では、「人はいろいろな気持ちになる」「場面によって気持ちは違う」といったまとめになることもあります。正解を見つけるタイプの授業に慣れている場合は、少し注意が必要です。

また、授業外でも学んだスキルを発揮できるように、ホームワークという形で応用課題を出してあげることも有用です。授業で学んだことは日常生活で試してみることで定着することになります。保護者への手紙や学級通信などを活用して、定着の工夫を考えてみてください。

35

ちょっぴり
ウキウキを見つける

行動活性化では、「行動を起こす」ことによって、「プラスの体験」を得ることを目指します。ちょっぴりウキウキには、リラックスできる活動、人との関わり、達成感を味わえる活動など人によってさまざまなものがあります。

ちょっぴりウキウキとは？

授業で扱うことができる認知行動療法のテーマとして、行動活性化を取り上げたいと思います。ここでは、まず行動活性化のねらいについて説明します。

この授業で取り上げる活動は、「行動を起こす」ことによって、「プラスの体験」を得ることを意味しています。たとえば、子どもたちには、「ちょっぴりウキウキ」と説明してあげるとよいと思います。「5『一つ一つ着実に』が力になる」で説明した通り、認知行動療法では、子どもに着実にできることを積み重ねてほしいと考えています。そのため、まずは、小さな行動を起こしてみることで、気分を変えていくねらいをもっています。

ちょっぴりウキウキには、さまざまなものがあります（図28）。たとえば、人とおしゃべりをしたり、家族と過ごしたり、ウォーキングやランニングをしたり、あるいはおいしいものを食べたりすることもあります。ペットと遊ぶこと、前述したリラックスの方法（項目14～16）を活用することもできます。さらに、達成感を味わえる活動や人と

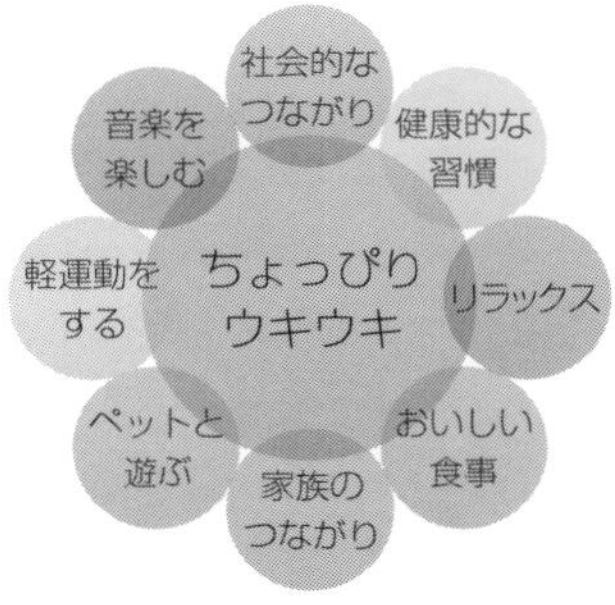

図28　ちょっぴりウキウキの例

の関わり等、人によってちょっぴりウキウキは、さまざまなものがあります。

どうして行動を起こす必要がある？

行動を起こす必要性については、行動モデルに基づいて説明することができます（Lewinsohn, 1975）。友達同士が楽しそうに話しているのを見かけた子どもがいたとします（図29）。その子は、輪の中に入りたいと思っていたのですが、行動を起こさずそこから逃げたとします。そうするとプラスの体験が得られなくなるので、落ち込みは大きくなってしまいます。さらに、長期的には、ますます人を避けるようになってしまい、そこで子どもがしたいと思っていた行動はとれなくなるという悪循環に陥ってしまいます。

逆に、ここで行動を起こしてみるとどうなるでしょ

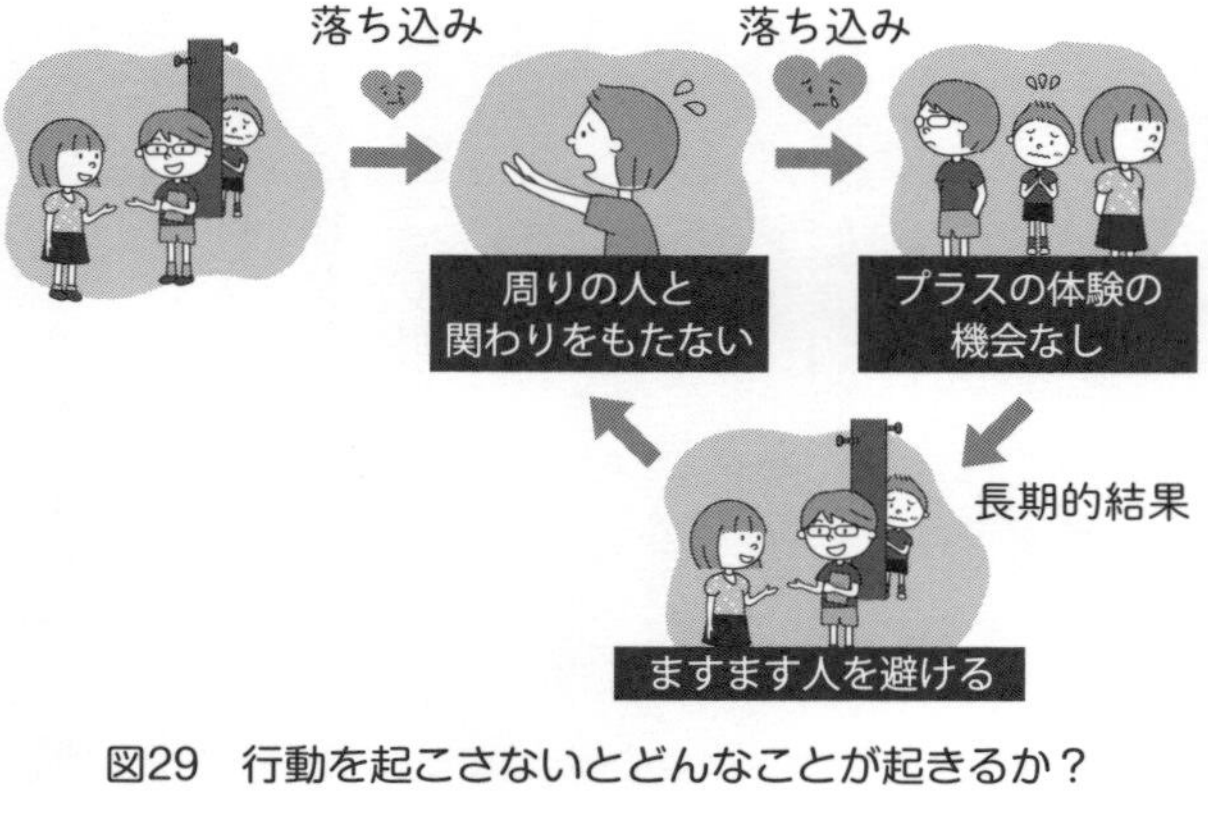

図29　行動を起こさないとどんなことが起きるか？

うか？　図30のように、周りの人と関わりをもつことでプラスの体験を得ることができれば、人と関わりをもつ機会も増えていくはずです。気分に注目してみると、行動を起こす前よりも、よろこびが大きくなっており、そのことで人との関わりが増えていくことがわかります。

対人場面以外でも、たとえば家の掃除をすることを決めた場合、行動を起こす前は「面倒だなぁ」と考えていたとしても、少しずつ行動することで、きれいになった部屋を見て気分がよいと感じることができます。このように、「気分が乗らないから行動しない」ではなく、「まず行動してみる」ことで気分に変化が起きるかどうかを調べてみることが行動活性化のポイントになります。

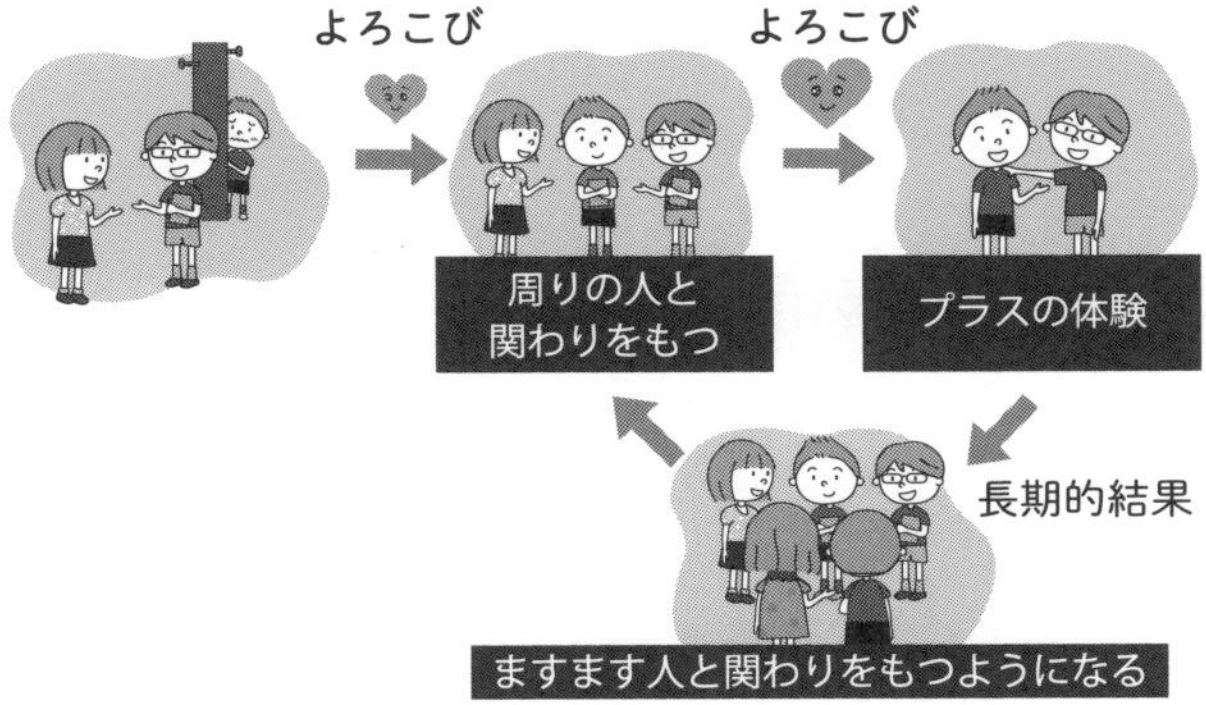

図30　行動を起こすとどんなよいことが起きるか？

36

行動活性化の授業を行う

行動活性化の授業では、人によって異なるちょっぴりウキウキのリストが完成します。お互いのリストを見ながら話し合うことで、さらに行動のレパートリーを増やしていきます。

導入

ここでは行動活性化の授業展開の一例を紹介します。まず、冒頭では本時のめあてを確認します。「35　ちょっぴりウキウキを見つける」を参考に、本時で扱う活動がどういったものであるのか、学級の実態に合わせて説明するとよいでしょう。また、数回を継続して行う授業であれば、全体のルールを確認するとともに、この授業の前に別の単元を学習していたら、前時の復習もここでしておきます。

展開1：個人で取り組む

まずは個人で取り組む活動を取り上げます。事前に教師の方で用意したリストから子どもたちに楽しいと思える活動やリラックスできるもの、達成感を味わえることなどを見つけてもらう方法、あるいは、自分でリストを作るといった活動ができます（図31）。

その後で自分の楽しいことについて、気持ちの大きさが小さいもの、簡単にできるものを探していきます。気持ちの大きさについては、「大きなウキウキ」であっても問題ないのですが、そのような活動は既に気がついていることが多いので、できれば、「こういうことをすると少し気分が晴れるかも」と気づきを促すような、「ちょっぴりウキウキ」に注意が向くとよいと思います。
　気軽にできるかどうかといった点はさらに重要なポイントになります。ないものねだりや、できたらよいけどできない、といったような活動は、行動活性化では取り上げられません。日々の生活の中にある小さな幸せを見つけられるようなイメージで指導するとよいでしょう。

展開2：グループで取り組む

　個人で楽しいことのリストができたら、それをグループやペアで共有します。他の友達が挙げている活動の中で、自分にも当てはまるものがあったら、リストに書き加えていきましょう。たとえば、視聴する動画の種類を増やすよりは、体を動かすことやペットと遊ぶことなど、多様なレパートリーの中で柔軟に活動が選べるようにしましょう。
　また、活動の中で友達や家族と一緒にできるものがあれ

◎○△をつけてみよう！

	感情の種類	大きさ	かんたんにできる？	他の人とできる？	続けてもOK？
・かわいい動物の動画を観る	うきうき	(40)	◎	○	○
・新しいゲームを買う	わくわく	(70)	○	○	△
・ランニングする	うきうき	(30)	◎	○	◎

友達と盛り上がれるかな？

続けていてネガティブな感情が出てこない？

図31　行動活性化のリストの例

ば、周りの人と一緒にできるという要素も追加していくとよいです。たとえば、ゲームをするという活動の場合は、一人でするだけでなく、友達と一緒にする、あるいは攻略法について語り合うという活動に展開することができます。

まとめ

楽しい活動は人によって違うという点とともに、①気持ちの大きさが小さいもの、②簡単にできるもの、③周りの人と一緒にできるものを見つけていこうという三つのポイントを確認して授業をまとめます。子ども自身の成長につながらないと思えるような活動ばかりが含まれてしまう場合、③のルールも入れておくと指導がしやすくなります。

授業で扱う際には、③を「学校でできること」とすることも可能です。ただ、個別支援の場合は③を入れてしまうと、不登校のケースなどには対応できません。思春期以降では「続けてもOK?」という評価項目を増やして（図31）、一時的な気晴らしにすぎないのかどうか、自分で評価させてもよいでしょう。このあたりは指導形態に合わせて臨機応変に定めてください。

37

社会的スキルを学ぶ

社会的スキルを学ぶ際には、①言語的教示、②モデリング、③行動リハーサル、④フィードバックと社会的強化、⑤ホームワークの手続きにしたがいます。特に、子どもが実際にターゲットスキルを発揮する行動リハーサルの機会を十分にとります。

社会的スキルとは

社会的スキルを日常的な言葉で表すとするならば、人間関係に関する知識と具体的な技術やコツの総称とすることができます（相川、1999）。

SSTの基本的な考え方として、「①仲間関係に問題のある子どもは、社会的スキルに欠けている」「②子どもはSSTを通じて社会的スキルを学習することができる」「③SSTによって学習された社会的スキルは、仲間関係を改善する」という三つがあります（Ladd, 1985）。「10　子どもが身につけられるスキルを教える」で説明した通り、社会性においても、個人に合わせて指導することによって、子どもが身につけられるスキルがあると考えるのが認知行動療法の特徴です。そして、対人関係に問題を抱えている場合でも、SSTによってスキルを身につけることで、現在または将来の社会適応が促されると考えます。SSTは子どもの認知行動療法を象徴する代表的な技法であるといえると思います。

社会的スキルを取り上げる

学級でSSTを実施する際には、取り上げる社会的スキルを選択することから始めます。これを標的スキルと呼びます。標的スキルは、獲得することで対人関係を改善するものを選ぶとよいでしょう。「33　学級に認知行動療法を導入する」で説明した通り、質問紙法などを用いて、事前に学級のアセスメントをしておくことも有用です。最初にSSTを実施するときは、なるべくシンプルに扱うスキルを選んだ方がよいでしょう（佐藤・佐藤、2006）。どのくらいのスキルを一度に扱うことができるかは学級の実態に合わせてください。

社会的スキルを指導する

学級でSSTを実施する際には、①言語的教示、②モデリング、③行動リハーサル、④フィードバックと社会的強化、⑤ホームワークなどを通じての自然場面での般化という手続きにしたがいます（佐藤他、2000）。言語的教示では、標的スキルについて説明し、そのスキルを身につけることの必要性などを伝えます。教師自身の体験を話したり、子どもたちの意見を取り上げたり、幼い子どもに対しては、紙芝居や物語などを使ったりすることもできます。

手本（モデル）の行動を観察することで、その行動が学習される過程のことをモデリングと呼びます。学級の中では教師が見本を見せることもできますし、学級の中から演じる子どもを選ぶこともできます。いずれの場合も、モデルのポイントがわかるように、適宜説明を加えるとよいでしょう。また、モデルが適切なスキルを発揮したときには、よい結果になるというところまで見せることも大切です。

行動リハーサルはＳＳＴにおいて最も重要な要素です。授業の中では行動リハーサルの時間をなるべく多く設けましょう。これまでも説明しているように、子どもが新しいスキルを学ぶ上では、実際に体験することが学習の原動力となります。役割を交代して子どもたち皆が体験できるようにしてください。

フィードバックと社会的強化も欠かすことができません。最も大切なポイントは、適切にできていた点を評価するということです。特にスキルに自信がない子どもは、ネガティブなメッセージを受けると、次もやってみようというやる気は起きません。改善点について述べるときにも「声がもう少し大きくなるとさらによくなると思う」と伝えるとよいでしょう。

最後に授業で学んだスキルは、授業外でも発揮できるように促します。自然場面での般化を目指すことができるように、「34　授業の中で認知行動療法を扱う」で説明したようなホームワーク等の手続きを活用するとよいでしょう。

38

社会的スキルの授業を行う

社会的スキルの授業では、各ターゲットスキルの、言語的側面と非言語的側面を取り上げて、ロールプレイ場面を使いながら、行動リハーサルをしていきます。

導入

ＳＳＴの授業展開について、ここでは適切に主張するためのスキルであるアサーションを例に取り上げて説明していきたいと思います。

まず、アサーションがどうして大切であるかを説明していきます。「37　社会的スキルを学ぶ」で説明した通り、言語的教示には、教師による説明や、子どもからの意見を取り入れることができますが、主張性の問題は、誤学習性の問題から捉えることができます（「10　子どもが身につけられるスキルを教える」参考）。

ここでは、「係の仕事を手伝って」と言われたのですが、早く帰らないといけない場面を取り上げてみます。その際に、怒って一方的に断ってしまう子どもは、図32のようなメカニズムで、「むりやり解決」をしてしまっており、それが悪循環で身についてしまっていると考え

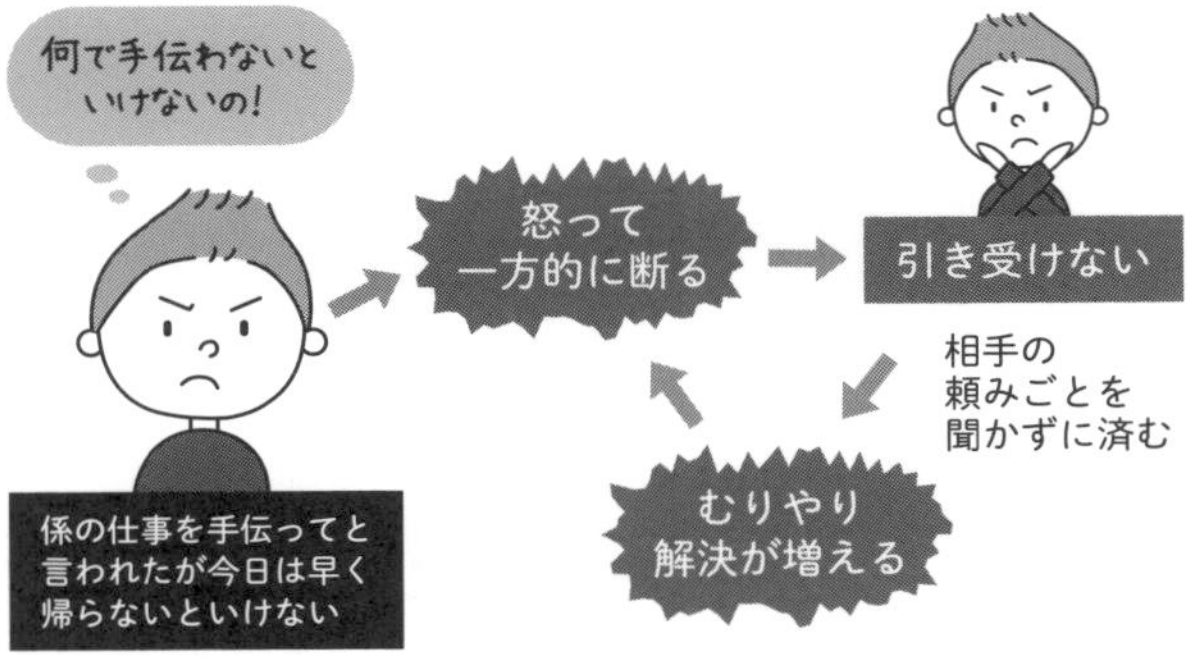

何で手伝わないといけないの！
係の仕事を手伝ってと言われたが今日は早く帰らないといけない
怒って一方的に断る
引き受けない
相手の頼みごとを聞かずに済む
むりやり解決が増える

図32　攻撃的なスキルの問題点

ることができます。

展開1：スキルのポイントを確認

導入で適切に主張することの大切さを理解できたら、実際にうまく断ることができているモデルを見せます。その際には、言語的側面として、①謝罪を伝える、②断る理由を説明する、③はっきりと断る、④（可能であれば）代替案を提示する、といった点がわかるようにポイントを説明しながら伝えます。ここでは、たとえば、「ごめんね、私も今日帰らないといけないから、係の仕事は手伝ってあげられない」と伝えた上で、④として、「明日なら手伝えるよ」とか、「先生に一緒に相談に行こう」という言葉を添えてあげられます。実態に応じて、個人で断る言葉を考えてもよいですし、全体で考えてもよいと思います。また、非言語的側面として、相手の①近くで、②目を見て、③聞こえる声で、そして、④申し訳なさそうな表情をして、伝えるという側面もあります。このあたりも学年や学級に応じて、どこまで取り上げられるかを検討してください。

展開2：行動リハーサル

断る言葉を考えることができたら、班形式になって、行動リハーサルを実施します。班の組み方は普段の学級経営での班を採用してもよいですし、学級の実態に応じて、新たに組み替えることもできます。ここでは、①係をお願いする役、②断る役（スキル役）、③観察者の三つの役割が確保できるようにして、順番に全ての役を体験できるように交代しながら練習します。役割ごとに時間を何分という形で区切ってもよいですし、班に進行を任せることもできます。

行動リハーサルは、安心安全を感じることができる場面で練習することが肝心なので、机間巡視しながら子どもたちの様子を観察してください。また、観察者は社会的フィードバックを行う役割になるので、よかった点をスキル役の人に伝えます。その際、指導者がフィードバックの見本、つまりどのようにほめたらよいかの見本を見せることも有効です。

まとめ

まとめとしては、標的スキルの言語的、非言語的なポイントを確認するとともに、日常生活での般化を促すことができるような仕組みを考えます。実態に応じて上手にできている班に前で演じてもらうこともできます。

39

問題解決のステップを学ぶ

問題解決技法は、今ある問題をとりあえず直すことを目的にしているのではなく、考えるプロセスを重要視します。問題解決のステップを繰り返し学ぶことで、適応的な解決策の案出方法を身につけていきます。

問題解決

問題解決という言葉からは、何か問題が起きた際に状況を改善させるようなイメージをもつかもしれません。しかし、認知行動療法の中で問題解決という言葉を使う際には、必ずしもそうではなく、解決に至るまでのプロセスの方を指しています。つまり、問題解決のための方法を学ぶことに主眼を置いています。

問題の捉え方

それでは、図33のナツキさんの例を使いながら、プロセスについて説明します。たとえば、ある子どもが廊下で誰かとぶつかったとします。その際に、相手の表情に注目したとしましょう。そして、その表情を見て「わざとやっているに違いない」と考えたとします。そうしたら怒りが湧いてきてしまうことになります。

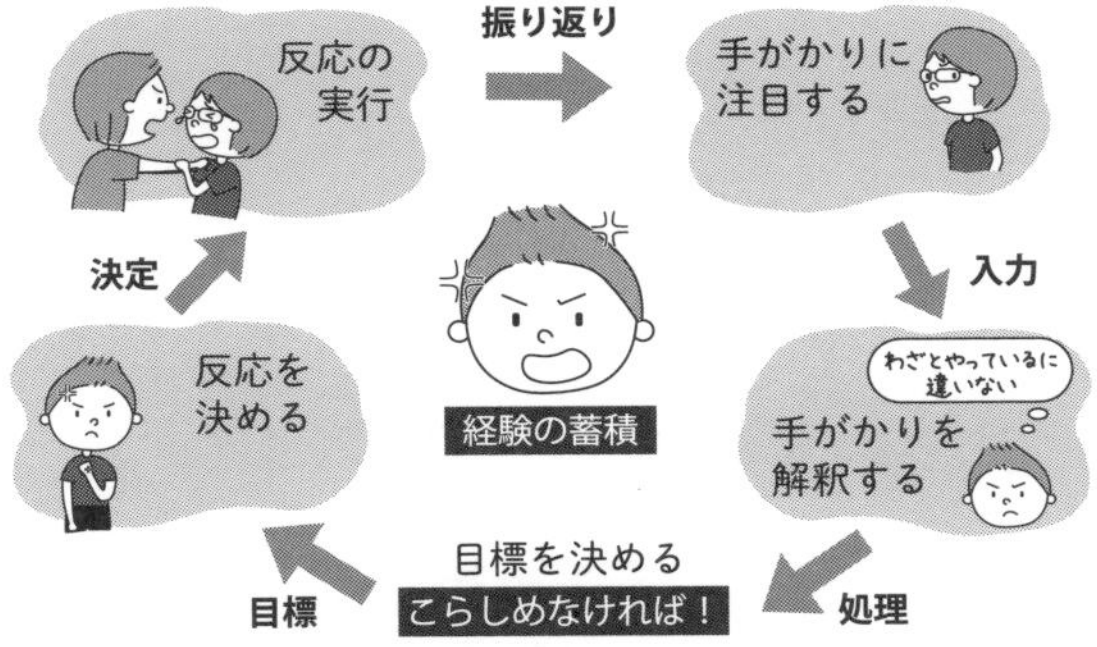

振り返り
反応の実行
手がかりに注目する
入力
わざとやっているに違いない
手がかりを解釈する
経験の蓄積
処理
目標を決める
こらしめなければ！
目標
反応を決める
決定

図33　情報処理の理解モデル
Crick & Dodge（1994）を参考に作成

「18　考え方のクセを知る」でも説明した通り、人はある場面に遭遇したときに、その場面を解釈することになります。そのため、情報の入力と処理は続く行動に大きな影響を与えることになります。

行動を決める

先ほどのプロセスによって、この場面での目標が定まることになります。つまり、ここでは、「こらしめなければ！」となってしまいます。この目標に沿っていくと、実際に選択される行動はある方向、つまり攻撃的な解決に定められてしまいます。実際に、ナツキさんは手を出してしまっています。このような場面で攻撃的な行動を示してしまう子どもの多くは、解決のためのアイディアが乏しいことがあります。つまり、手を出すというスキル以外の行動に目を向けられていないのです。このレパートリーの狭さが一つの問題であると捉えられます。

行動を振り返る

実際に同級生とケンカになってトラブルになってしまったら、ナツキさんはその行動をどのように評価しているのでしょうか？「失敗したな」「よくないことをしたな」と感じていたら、次はその行動をとらないかもしれません。しかし、「相手は自分の言うことを聞いた」「自分は負けなかった」と振り返っていたら、同じような行動を何度も繰り返してしまうかもしれません。このようなプロセスを何度も繰り返していくうちに、経験が蓄積していきます。「19 やわらかい考え方を探る」で説明したように、子どもたちは世界の見方を構築している段階になります。このような経験から、もし攻撃的な解決を好意的に評価していたら、同じパターンを繰り返してしまう可能性があります。

問題解決のステップを学ぶ

このように考えると、ナツキさんを支援するためには、図33のプロセスについて一つ一つ順番にアプローチしていく必要があると気づくことができます。そのため、問題解決を学ぶ上では、問題の明確化から振り返るところまで、それを一つ一つステップとして教えていくことになります。そして、最初に説明した通り、目の前の問題をよくすることを目指しているというよりも、そのステップを繰り返すことによって、新しい経験を蓄積していくことを目的としています。

40 問題解決訓練の授業を行う

問題解決訓練の授業展開では、各ステップを教えることになるので、ある程度の時間数を確保できるとよいでしょう。時間がない場合は、ポイントを絞って実施します。皆でアイディアをたくさん出し合えるような工夫を考えてみてください。

問題解決訓練の授業展開

問題解決訓練は、「39　問題解決のステップを学ぶ」のステップを反映できるように展開していきます。そのため、一回の授業で全てのステップを教えようとするよりは、いくつかの授業に分けて実施する方が教えやすいと思います。時間がない場合は、特に教えたいと考えるどこかのステップに焦点を当てるなどの工夫が必要かもしれません。

問題の明確化

まずは、問題の捉え方について整理するところから始めます。なぜ、このプロセスが大切かといえば、図33（169ページ）の例を考えてみるとわかりやすいと思います。もし、ナツキさんが「わざとやっているに違いない」と考え、「こらしめなければ！」と目標を設定してしまっていたら、いつまで経っても対人関係で適応的な解決策は生まれてこないと思います。まずは、状況をお互いに話し合うことが必要になります。その際には、認知モデルに基づく支援（項目18～21）を参考にすることもできます。

解決策の案出

目標を適応的なものに定めることができたなら、ブレーンストーミングを用いて、できるだけたくさんの解決策を生み出していきます。授業形式で実施するときにはグループで何個解決策が出せるか競ったりすることも面白いと思います。問題解決訓練では、解決策がたくさんあるほど、よい解決策も思いつくと考えます。

その際には、解決策をその場で良いか悪いか評価をしないということも大切です。新しい解決策を思いついても、「そんなことはできない」と即座に否定してしまっては、せっかくのアイディアが台無しです。そのため、この段階では判断を延期しておきます。

そして、なるべくいろいろなアイディアを具体的に出せるように考えていきます。たとえば、「どうしてぶつかったのか聞いてみる」「リラクセーションの方法を試す」など、これまでに学んできたスキルを活用することもできます。また、これらのアイディアは組み合わせて使うこともできます。たとえば、ここでは、リラックスしてから話した方がよい解決策になるかもしれません。

解決策の決定

解決策をいくつか出すことができたら、それぞれの解決策について評価します。図34は問題解決の評価シートの例です。このように、複数の観点から解決策を評価して、最も評価の高い解決策を採用するようにします。

解決策の実行と振り返り

実際に試してみると、うまくいかないということもあるかもしれません。その際には、最初からステップをやり直すことがポイントになります。重要なことは、子どもがこのプロセスを自然とできるようになることです。

元々、治療方法として開発されているため(Nezu, 2004)、問題解決の技法は、個別指導にも活用できます。「ピンポン玉を手で触らずに教室の端から端まで運ぶ」といった場面でこのプロセスを楽しく学ぶこともできます。

	自分ができる?	自分の気持ち	相手の気持ち	解決しそう?
わざとぶつかったんでしょと大きな声で文句を言う	○	△	×	△

	自分ができる?	自分の気持ち	相手の気持ち	解決しそう?
呼吸のリラックスの方法を使う	○	○	△	×
どうしてぶつかったのか本人に聞いてみる	△	△	○	○
先生に言いつける	○	△	×	△
見ていた友達にどう思うか聞いてみる	○	○	△	△
どうしてぶつかったのか本人に聞いてみて，見ていた友達にどう思うか聞いてみる 組み合わせ	○	○	○	○

図34　問題解決の評価シートの例

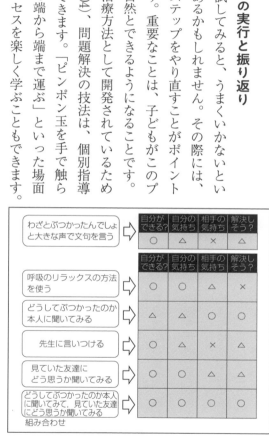

41

授業で学び、学校生活で身につける

授業で学んだことは、学校生活で活用されて、初めて定着化します。授業での内容を活用できるような学級運営や活用方法を考えてみてください。

授業で学ぶこと、自然に学ぶこと

さて、教室でプログラムを実施したら、それでおしまいとなってしまうと、せっかく学んだことが活用できなくなってしまいます。これまで、授業ではホームワークという形で、学んだことを日常生活で試すことの大切さを繰り返し説明してきました。授業ももちろん大切ですが、それ以上にその後の日常生活での指導も重要になってきます。

教室で学ぶことの意義

学級で認知行動療法を学ぶ上での大きな利点の一つが、図35に示すような良循環を生み出せることです。英会話を例にして考えてみましょう。ある日、子どもが教室の中で英語での挨拶の仕方を学んだとします。一度聞いただけでは身につかないので、教室内で繰り返し練習するようにします。その際には安心安全な環境を整えてあげて、何度も口に出せるようにするとよいでしょう。ただ、それだけでは、定着には不十分で、その挨拶を発揮する場所が必要になります。たとえば、留学などをしていれば、その挨拶に快く返してくれるような友人が学級にたくさんいます。そうすると、やがて英語で挨拶することは定着して、自然と挨拶できるようになるでしょう。でも、もしそのような環境がなければ、おそらくせっかく学んだことは忘れ去られてしまうことになります。

学級で認知行動療法を教えるということは、「そのスキルをクラスの共通語」にする方略であると捉えることができます。そのため、学級内で積極的にルールづくりをすることが大切になります。学んだスキルが自然に促進されるような学級づくり、学級運営をしていく工夫を考えてみてください。

さらに、この考え方は個別指導や小集団指導にも活用できます。学んだことを発揮できる環境づくりという観点を踏まえると、「32　学校でユニバーサル予防を行う」で述べたように、取り出し型のターゲットタイプのプログラムは、学級全体で行うユニバーサルタイプの介入と組み合わせると、さらに効果を発揮すると考えられます。

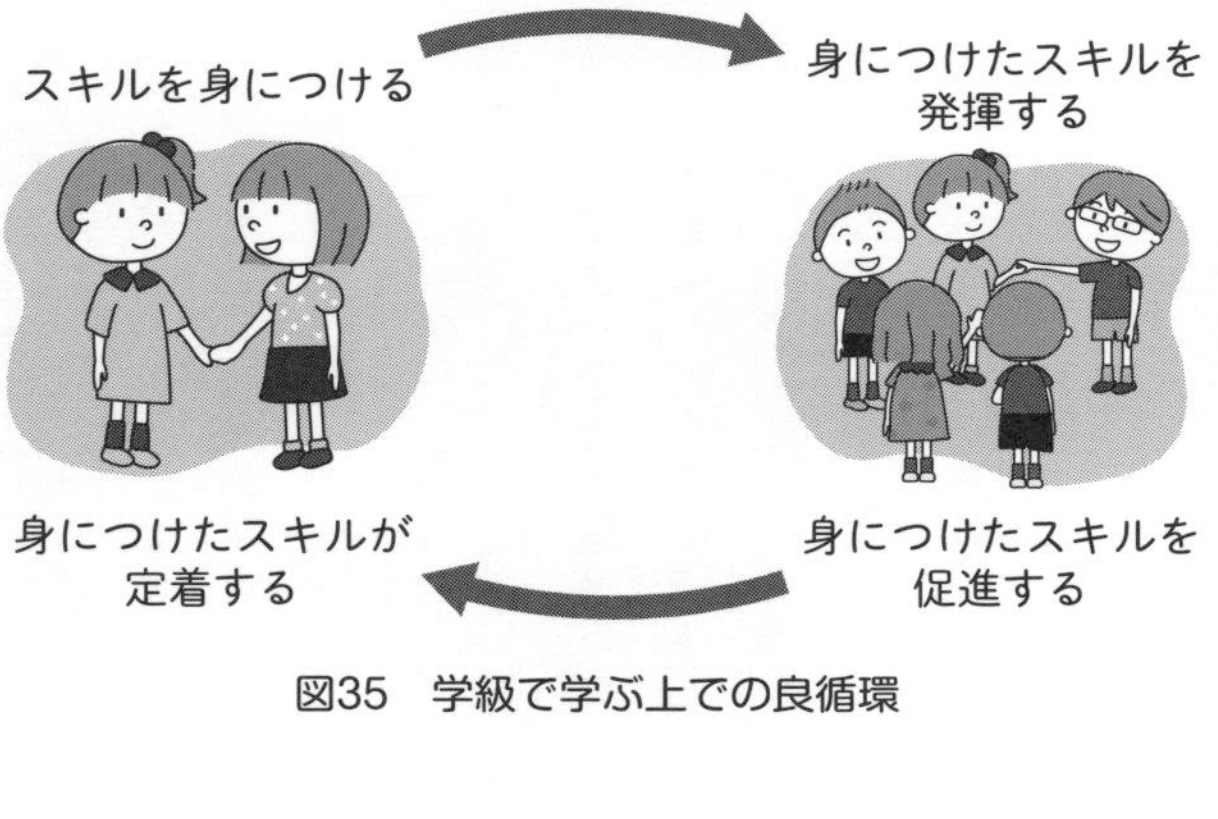
スキルを身につける
身につけたスキルを
発揮する
身につけたスキルを
促進する
身につけたスキルが
定着する

図35　学級で学ぶ上での良循環

授業が定着できるような工夫を考える

授業が定着していくまでには、一直線で学習が進むというよりは、紆余曲折ありながらも、徐々に定着していくと考えておくとよいと思います（図36）。集中的に授業を展開する場合は、終了直後には学んだ内容をよく覚えていますが、やがて忘れていってしまいます。

そこで、日常生活の指導の中で振り返ったり、学習内容をまとめたものを掲示したりして、思い出せるきっかけを作っておきます。また、関連する内容等を別の授業で絡めて話すことも有用です。道徳、総合的な学習の時間、学活など、認知行動療法で学ぶ内容と関連する単元は少なくありません。単独の授業としてだけでなく、教育活動全体の中での位置づけを是非意識してみてください。

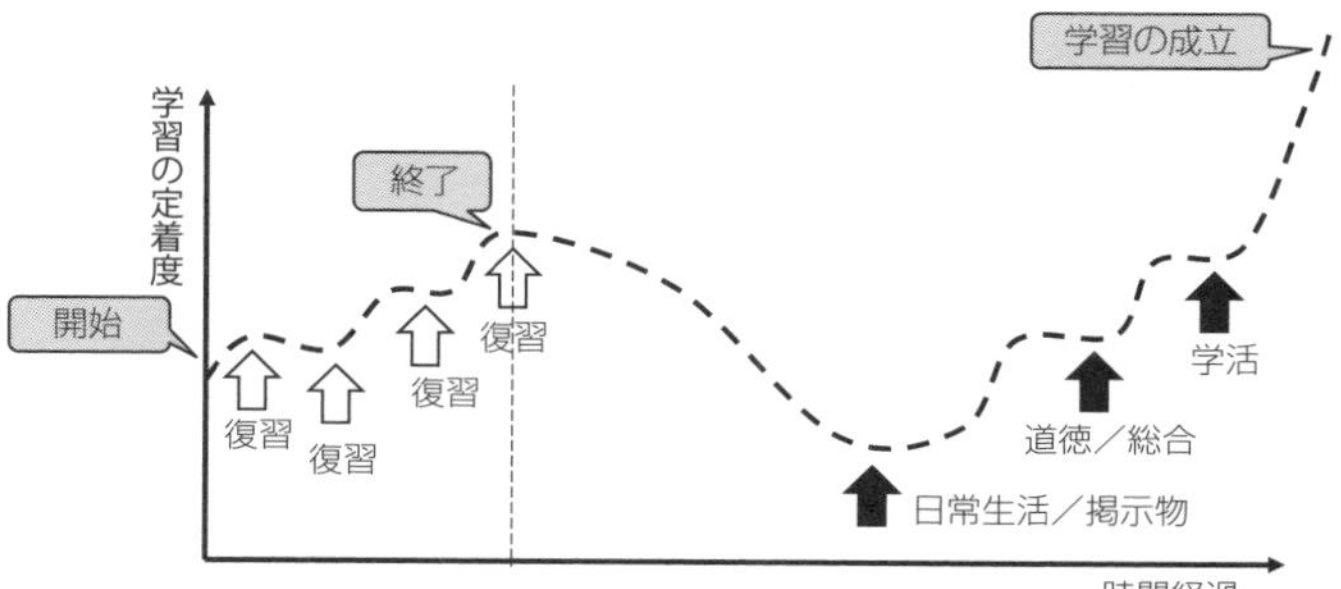

図36　授業と日常生活の関係

42

認知行動療法に基づく授業を実装する

認知行動療法に基づく授業を初めて導入する学校は、実態調査や研修会実施から始めるとよいと思います。事前事後の打ち合わせや、授業見学を通じて授業の振り返りを行い、年度内での取り組みをまとめ、次年度につなげていきましょう。

実装に向けての一歩を歩む

ここまで読んでいただいた読者の皆様の中には、学級で認知行動療法を取り入れて授業をしてみたいと思ってくださった方もいるかもしれません。そこで、実際に学校で認知行動療法プログラムを実装する際のポイントについて紹介します（図37）。

実態調査と研修会

「33　学級に認知行動療法を導入する」では、プログラム導入前にアセスメントを実施することの有用性について説明しましたが、これは新しく認知行動療法を活用した授業を導入する上でも応用できます。たとえば、プログラムを実施する時間はとれなくても、アンケートならできるという学校も少なくないので、初年度は実態調査から開始するというのは比較的頻繁に用いられる手続きです。学校全体の実態調査をすることで、どのような

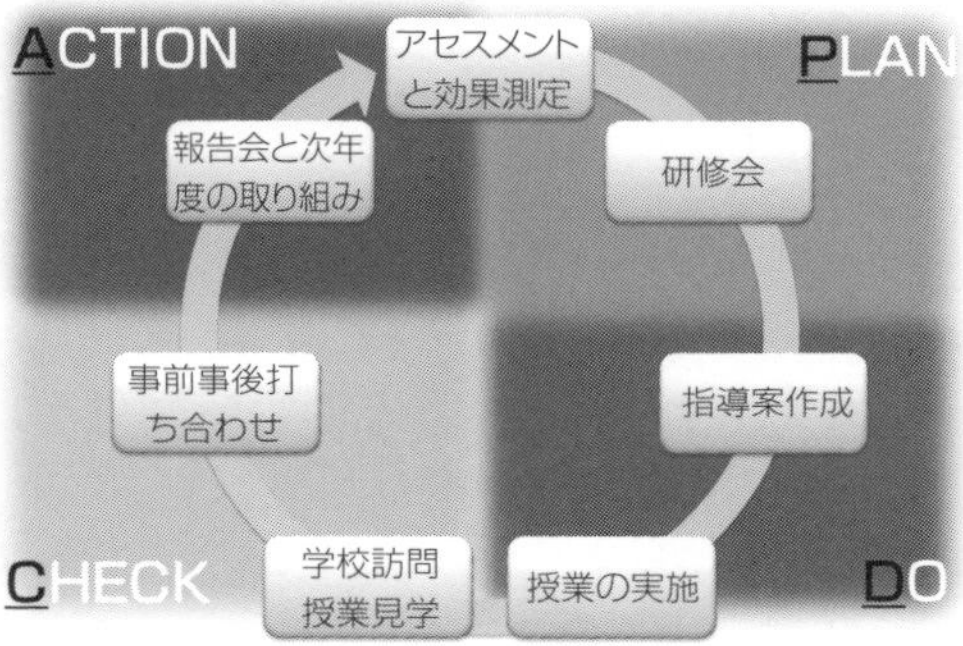

図37　授業を取り入れるまでの流れ

支援が必要であるかという次年度の計画につながります。

次に、プログラムを実際に指導できるように研修会を企画します。身近に講師がいなければ外部から招く必要があるので、夏期休暇期間などを活用して、計画的に研修会を企画するとよいでしょう。研修の時間もプログラムの内容や長さによって異なりますので、計画的に日時を選ぶようにします。

指導案の作成と授業実施・見学

次に、計画にしたがって指導案を作成します。「33　学級に認知行動療法を導入する」で述べたように、これまで実施された学級での指導案をベースに学級の実態に合わせて調整ができることが望ましいですが、アレンジしていく際には、本書の内容を参考に授業のねらいが損なわれないように留意してください。授業は公開して、授業をする先生同士でお互いに授業の様子を見られるようにしておくとよいと思います。また、外部の専門家などの訪問を手配しておけば、理論的観点からの助言をもらえる機会になりますし、近隣の学校からの見学要請もあるでしょう。

事前事後打ち合わせ

授業の前後では打ち合わせをすることが必要です。事前の打ち合わせでは、授業での留意点や、複数の学級で実施する場合は、指導において統一すべき点を確認できます。多忙で、事前に入念な準備ができない場合は、直前に打ち合わせの時間を確保しておくことで、最終的な確認が可能になります。さらに、事後打ち合わせもできれば非常に効果的です。実際に授業をしてみることで、想定しなかった問題や課題が必ず出てきます。また、複数の学級で実施している場合は、共通の課題や違いなども話し合うことができます。

報告会と次年度の取り組み

最終的に、授業全体の取り組みは、「報告会」という形で年度の終わりにまとめます。各学級や学年で取り組みについて意見を交換することで、次年度の実施につながるさまざまなヒントを得ることができます。また、事前にアセスメントで測定した内容を授業終了後や年度の終わりに再度測定することで、子どもたちの変化についてもデータを得ることができます。その他の効果検証の方法は他の文献を参考にしてください（佐藤他、2013）。

おわりに

改めて本書を読み返してみると、私の認知行動療法の研究と実践は、これまで出会ってきた方々のご協力の上に成り立っているものだと強く感じます。

漠然と子どもに関わる仕事をしたいと考えていた大学生のときに、エビデンスに基づく心理社会的支援という私の根幹をなす考え方に導いてくれた恩師の言葉、ともに切磋琢磨してきた仲間たち、学級集団に対する認知行動療法の研究の扉を開いてくださった先生方、そして今まで共同研究をしてきた皆様や学生さん、私の認知行動療法の考え方は、全ての出会いの賜物であると改めて強く感じます。皆様に改めて感謝の意を表したいと思います。

認知行動療法の考え方の中でも、個人的に好きなものの一つに、「巨人の肩の上に立つ」という先行研究を尊重し大切にする姿勢と同時に、偉い人の言葉を必ずしも鵜呑みにせずに、地道にデータを積み重ね証明していこうという姿勢の二つが共存する考え方があります。日本に限らず、世界中でこれまで先人が蓄積してきた知恵とスキルを広く共有し、時に反証していく科学的姿勢は、認知行動療法を個人のものではなく、社会全体の財産としてきました。

そして何よりも、私は自分が関わった子どもたちから、たくさんのことを学ばせてもらいました。面接室や学校で、子どもたちが私に教えてくれたことが、本書の礎となっています。これまで出会ったご家族、協力してくださった学校の先生方、一緒にアイディアを出し合った皆様に心より御礼申し上げます。

本書は『特別支援教育の実践情報』誌への連載（2022年4/5月号から2023年2/3月号）をきっかけとして執筆しました。その際にもお世話になりましたが、本書の着想から刊行にあたっては、明治図書出版の佐藤智恵様のご提案とご支援によるところがとても大きいです。そして、ケーキにそっとイチゴをのせるように、本書の最後の仕上げも、佐藤様をはじめ明治図書出版の皆様に丁寧に施していただきました。心より感謝申し上げます。

2023年7月　夏の暑さ真っ盛りの京田辺キャンパスにて

著者　石川　信一

参考文献

相川充（1999）．ソーシャルスキル教育とは何か　國分康孝（監修）小林正幸・相川充（編著）ソーシャルスキル教育で子どもが変わる―小学校―　図書文化社, pp. 11-30.

Crick, N. R., & Dodge, K. A.（1994）. A review and reformulation of social information-processing mechanisms in children's social adjustment. Psychological Bulletin, 115（1）, 74-101.

福井至（2008）．図解による学習理論と認知行動療法　培風館．

A．フリーマン（著）遊佐安一郎（監訳）（1989）．認知療法入門　星和書店．

Higa-McMillan, C. K., Francis, S. E., Rith-Najarian, L., & Chorpita, B. F.（2016）. Evidence base update: 50 years of research on treatment for child and adolescent anxiety. Journal of Clinical Child and Adolescent Psychology, 45（2）, 91-113.

堀越勝（2013）．認知行動療法を始める前に学んでおきたいコミュニケーションスキル・トレーニング　独立行政法人　国立精神・神経医療研究センター　認知行動療法センター

後藤吉道・佐藤正二・佐藤容子（2000）．児童に対する集団社会的スキル訓練　行動療法研究, 26, 15-24.

Graham, P. J.（1998）. Introduction. In P. J. Graham（Ed.）, Cognitive behaviour therapy for children and families（2nd ed.）. Cambridge: Cambridge University Press, Pp.1-5.

Han, S. S., & Weiss, B.（2005）. Sustainability of teacher implementation of school-based mental health

programs. Journal of Abnormal Child Psychology, 33（6）, 665-679.
石川信一（2011）．児童青年の内在化障害における心理査定　心理臨床科学, 1, 65-81.
石川信一（2013）．子どもの不安と抑うつに対する認知行動療法：理論と実践　金子書房．
石川信一（2018）．イラストでわかる子どもの認知行動療法：困ったときの解決スキル36　合同出版．
石川信一（2022）．臨床心理学　同志社大学心理学部（編）　ようこそ、心理学部へ（pp. 35-58）筑摩書房．
石川信一（2023）．不安症状をもつ子どもへのＣＢＴプログラム　神尾陽子（編著）このまま使える！　不安症状のある自閉症児のための認知行動療法（ＣＢＴ）マニュアル（pp.19-36）ミネルヴァ書房．
石川信一・肥田乃梨子・岸田広平・上田有果里・中西陽・金山裕望（2016）．日本における子どもの認知行動療法の学術活動の動向に関する実証的検討――2004年世界認知行動療法学会（神戸）開催の前後比較――　認知療法研究, 9, 34-43.
Ishikawa, S., Kikuta, K., Sakai, M., Mitamura, T., Motomura, N., & Hudson, J. L.（2019）. A randomized controlled trial of a bidirectional cultural adaptation of cognitive behavior therapy for children and adolescents with anxiety disorders. Behaviour Research and Therapy, 120, 103432.
石川信一・小野昌彦（2020）．教育分野への認知行動療法の適用と課題　認知行動療法研究, 46, 99-110.
James, A. C., Reardon, T., Soler, A., James, G., & Creswell, C.（2020）. Cognitive behavioural therapy for anxiety disorders in children and adolescents. The Cochrane database of systematic reviews, 11（11）, CD013162.

Jones, M. C. (1924). The elimination of children's fears. Journal of Experimental Psychology, 7, 382-390.

JST-RISTEX（研究開発成果実装支援プログラム）(2019). 社会実装の手引き：研究開発成果を社会に届ける仕掛け　工作舎.

金山元春・後藤吉道・佐藤正二（2000）．児童の孤独感低減に及ぼす学級単位の集団社会的スキル訓練の効果　行動療法研究, 26, 83-96.

C. A. カーニー・A. M. アルバーノ（著）佐藤容子・佐藤寛（監訳）(2014). 不登校の認知行動療法：セラピストマニュアル　岩崎学術出版社.

Kendall, P. C. (2012). Guiding theory for therapy with children and adolescents. In P. C. Kendall (Ed.), Child and adolescent therapy: Cognitive-behavioral procedures (4th ed.). New York: Guilford Press. pp. 3-24.

小林正幸（2002）．先生のための不登校の予防と再登校援助――コーピング・スキルで耐性と社会性を育てる　ほんの森出版.

松岡洋一・松岡素子（1999）．自律訓練法　日本評論社.

文部科学省（2023）．生徒指導提要　東洋館出版社.

Lewinsohn, P. M. (1975). The behavioral study and treatment of depression. In M. Hersen, R. M. Eisler, & P. M. Miller (Eds.), Progress in behavioral modification. Vol. 1 (pp.19-64). New York: Academic Press.

Ladd, G. W. (1985). Documenting the effects of social skill training with children: process and outcome assessment. In B. H. Schneider., K. H. Rubin., & J. E. Ledingham. (Eds.), Children's peer relations: Issues in assessment and intervention (pp. 243-269). New York: Springer.

Mrazek, P. J., & Haggerty, R. J. (Eds.) (1994). Reducing risks for mental disorders: Frontiers for preventive intervention research. Washington, DC: National Academy Press.

Nezu, A. M. (2004). Problem solving and behavior therapy revisited. Behavior therapy, 35, 1-33.

Rogers, C. R. (1957). The necessary and sufficient conditions of therapeutic personality change. Journal of Consulting Psychology, 21 (2), 95-103.

坂野雄二 (1995). 認知行動療法　日本評論社.

佐藤正二・佐藤容子 (2006). 学校におけるSST実践ガイド—子どもの対人スキル指導—　金剛出版.

佐藤正二・佐藤容子・石川信一・佐藤寛・戸ヶ崎泰子・尾形明子 (2013). 学校でできる認知行動療法　子どもの抑うつ予防プログラム［小学校編］　日本評論社.

佐藤正二・佐藤容子・岡安孝弘・高山巌 (2000). 子どもの社会的スキル訓練—現状と課題—　宮崎大学教育文化学部紀要. 教育科学, 3, 81-105.

G・R・シラルディ (著)　高山巌 (監訳) (2019). 自尊心を育てるワークブック　第二版　金剛出版.

Spring, B., & Neville, K. (2011). Evidence-based practice in clinical psychology. In D. H. Barlow (Ed.), The Oxford handbook of clinical psychology (pp. 128-149). Oxford University Press.

丹野義彦（2008）．認知行動療法とは　内山喜久雄・坂野雄二（編）認知行動療法の技法と臨床　日本評論社 pp. 2-8.

高橋史・小関俊祐（2011）．日本の子どもを対象とした学級単位の社会的スキル訓練の効果——メタ分析による展望——　行動療法研究, 37, 183-194.

高沢加代子・田村嘉子・木津明彦・福井至・岩本隆茂・千丈雅徳・斎藤康子・斎藤巌（1996）．本邦における認知療法、認知行動療法、生活技能訓練および社会技能訓練の動向　行動療法研究, 22, 21-42.

C. E. ソレセン・M. J. マホーニィ（著）上里一郎（監訳）（1978）．セルフコントロール　福村出版.

熊野宏昭（2019）．認知行動療法　日本認知・行動療法学会（編）認知行動療法事典（pp. 2-5）丸善出版.

内山喜久雄（1959）．小児緘黙症に関する研究（第２報）北関東医学, 9, 786-799.

梅津耕作（1956）．条件づけ法による夜尿症の治療に就て　精神医学研究所業績集, 3, 162-176.

梅津耕作（1957）．条件づけ法による夜尿症の治療　臨床皮膚泌尿器科, 11, 1285-1290.

Yerkes, R.M., & Dodson, J.D. (1908). The Relation of Strength of Stimulus to Rapidity of Habit Formation. Journal of Comparative Neurology & Psychology, 18, 459-482.

【著者紹介】

石川　信一（いしかわ　しんいち）

1979年，千葉県生まれ。早稲田大学卒業。北海道医療大学大学院中退。日本学術振興会特別研究員，宮崎大学教育文化学部，マッコーリー大学（2015-2019年）客員教授，トゥルク大学（2022年-）客員教授等を経て現在，同志社大学心理学部教授。博士（臨床心理学），臨床心理士，専門行動療法士，認知行動療法師®，公認心理師。専門は臨床心理学で，特に臨床児童心理学分野として，不安症の子どもに対する認知行動療法，学校で実施する予防的介入に関する研究を進めている。近著として，『臨床児童心理学』（ミネルヴァ書房），『イラストでわかる子どもの認知行動療法』（合同出版）など。主な受賞歴は，日本行動療法学会内山記念賞（2005年），日本カウンセリング学会独創研究内山記念賞（2006年），日本心理学会優秀論文賞（2016年）。

〔本文イラスト〕nojico

不安で学級に入れない子がちょっぴりウキウキを見つけるために…　教室の中の認知行動療法
問題解決のステップを学ぼう

2023年10月初版第１刷刊　©著　者　石　川　信　一
発行者　藤　原　光　政
発行所　明治図書出版株式会社
http://www.meijitosho.co.jp
（企画）佐藤智恵（校正）武藤亜子
〒114-0023　東京都北区滝野川7-46-1
振替00160-5-151318　電話03(5907)6703
ご注文窓口　電話03(5907)6668

＊検印省略　組版所　株式会社アイデスク

Printed in Japan　ISBN978-4-18-365733-6